U0524363

云南百位历史名人传记丛书

中共云南省委宣传部◎编

股肱重臣

鄂尔泰

秦树才　吴　丹◎著

云南出版集团
云南人民出版社

图书在版编目（CIP）数据

股肱重臣——鄂尔泰 / 秦树才，吴丹著. -- 昆明：云南人民出版社，2022.10
（云南百位历史名人传记丛书）
ISBN 978-7-222-21119-3

Ⅰ.①股… Ⅱ.①秦… ②吴… Ⅲ.①鄂尔泰（1677-1765）—传记 Ⅳ.①K827.49

中国版本图书馆CIP数据核字（2022）第139919号

出 品 人：	赵石定
责任编辑：	朱 颖
装帧设计：	马 滨
责任校对：	李 红　董郎文清　崔同占
责任印制：	窦雪松

书名	股肱重臣——鄂尔泰
作者	秦树才　吴 丹　著
出版	云南出版集团　云南人民出版社
发行	云南人民出版社
社址	昆明市环城西路609号
邮编	650034
网址	www.ynpph.com.cn
E-mail	ynrms@sina.com
开本	889mm×1194mm　1/32
印张	4
字数	80千
版次	2022年10月第1版第1次印刷
印刷	云南新华印刷二厂有限责任公司
书号	ISBN 978-7-222-21119-3
定价	22.00元

如有图书质量与相关问题请与我社联系
审校部电话0871-64164626　印制科电话0871-64191534

云南人民出版社微信公众号

总　序

历史长河浩浩荡荡！中华文明自滥觞至汇聚千流，涵纳万水，奔腾迭起，云蒸霞蔚，延五千年之长史，至今生机勃然，是迄今世界上唯一保持完整且衍传有序、光耀于人类的伟大文明。

习近平总书记指出：一个国家、一个民族的强盛，总是以文化兴盛为支撑的。中华民族是具有非凡创造力的民族，我们创造了伟大的中华文明，实现中华民族伟大复兴的中国梦，必须弘扬中国精神。以爱国主义为核心的民族精神，以改革创新为核心的时代精神，是兴国之魂，强国之魂。

云南，是祖国西南神奇、美丽、富饶的宝地，是中华文明中极具特质和创造潜力的丰美之乡。云南少数民族文化是中华民族文化的重要瑰宝。长期以来，云南大地上，各民族和睦与共，相濡相生，共同创造了色彩瑰丽、形态多元、底蕴厚重、影响深远的历史文化，为我们留下了珍贵的精神遗产。人,是历史的镜子,是历史最生动的环节,人民是历史的主人和创造主体。在人类历史的进程中,一个个不同时期的代表人物产生过一些不同的影响。"云南百位历史名人传记丛书"就是这样一丛历史的记录,一百位历史名人,虽未必尽能概全,各位历史人物的代表性也不尽相同,但都是"追梦人",是振兴民族伟大理想的传薪人、探索者和实践家。

在这些代表人物中,无论是拓土开疆的将帅勇者,还是蹈海酬志的大国使节;无论是志于传播文明的鸿儒巨擘、先哲贤士,还是为民族独立解放而高歌猛进、慷慨捐躯的群雄英杰,都贯注了这一重要精神。正是以他们为代表的云南各族人民创造并抒写了可歌可泣的英雄史章,熔铸了坚韧不拔、奋为人先、包容博大、敢于担当的精神品质,才使云南在中华文明的长史中闪耀着特有的光辉。尤在近代中国,在辛亥护国风云中,在反对外辱保卫祖国边疆维护民族尊严、抗击日本法西斯侵略中,云南站在历史前台,以中华群雄的不屈身影演出了一幕幕豪迈悲壮的历史大戏,也更涌现了一批足以彪炳史册、光照后人的杰出人物。这一切,给予中国历史进程深远的影响。

今天,实现中华民族伟大复兴之梦,谱写富民强滇中国梦的云南篇章,需要以中华文化发展繁荣为重要条件,这就需要接续这一光荣而伟大的精神传统,在继承中创新,在创新中发展,在发展中超越。云南正处于一个新的历史起点上，需要大力挖掘历史文化资源，聚合更强大的精神动力，为推动我省科学发展、和谐发展、跨越发展凝心聚力。为此，我们组织省内外专家学者编写出版了"云南百位历史名人传记丛书"。这对加强我省各族人民，尤其是青年一代对历史的了解、认同，爱国爱乡爱民并甘于奉献，对提升优秀精神品质，形成团结奋斗的共同的思想基础，坚定推进富民强滇的信心和决心，显然有着重要的现实意义和切实的助力。

一百位历史人物，所处历史时期并不相同，其历史作用也有差异，甚至就个人的全面历史评断方面也难以等量趋同。但我们以为这些留存史迹的人物，所以传扬至今，为后世崇奉，均有他们共同的历史向度和价值取向，我们学习这些历史人物，至少应当着重于以下几个大的方面，即"守大德、重大义、集大成、有大度、达大观"。

守大德，即恪守道德规范。"德者，本也。"（《礼记·大学》）"大德"既是国家民族的根本利益所在，也是中国文化中最核心的价值理念及标准。古语"行德则兴，背德则崩"，不仅是资政经验，也是个人修习完善的根基。所谓"厚德载物"，直观的理解，就是如果德行浅薄，是不能兴物成事，更不能造就伟大功业的。云南历史文化名人，大多以德立身，大节不移，并对此恪守坚定，一以贯之；始终保持正确信念和理想，并为之奋斗到底。这是我们首先要学习尊崇的。

重大义，即以国家民族利益的需要为个人行为取舍的标准。有大义，才有大爱。这些先贤无不爱云南爱乡土，以兴业乡梓、造福一方为己任。尤在国家民族命运攸关、生死存亡的关头，这些令人崇敬的先辈，大义擎天，逢难不避，敢于担当，责无旁贷，勇往直前，不惧牺牲。一个心存天下大公的人总会在不经意的一瞬决定大义的选择，这是社会进步的希望所在，更何况实现中华复兴的伟大梦想，还有很多异常艰危的事业在等待我们去克难攻坚。所以，举凡大义、为民为国、全身而进的精神是我们应当效法崇尚的。

集大成，"知类通达，强立而不反，谓之大成"。这些历史人物留下的足迹，予人深刻启迪。他们无论是出将入相，还是布衣一袭，均勤学不辍，求索不止，在追求真理和知识的道路上刻苦务实，义无反顾，永无终期，故能成大器，胜大任，不辱使命。今天，世界进入知识信息时代，软硬实力决定一个国家能否赢得发展机遇，乃至自立于强国之列的地位。其紧迫性不亚于先辈梦想中国富强的百年期许。但今天所谓"集大成"，是更高更大更具有生存挑战性和发展战略性的，是集世界之"大成"，集政治经济、科技文化、制度建设、社会发展等一切领域"总成"，玉成中国梦的空前伟大的事业。所以，先人刻苦自律、博学精进的学习精神我们应当秉持继承。

有大度，即要有开放包容的胸怀。云南历史文化名人的一个共通品质,也是一个显著特点就是,即使身处僻远,总能破除狭隘与陋见,以宏大度量,兼容并包,接纳先进,吸收优异,团结一切可以团结的力量,聚合一切可以聚合的资源,总成一股创造历史的宏大动力,来完成伟大的事业。哪怕是割股舍己,也在所不惜。今天,云南要实现跨越式发展,保持开放包容的胸怀尤其重要。所以,先辈"天下云南"的大度我们应当弘扬光大。

达大观,即要眼观天下,达察全局,与时俱进,审时知变,敢为人先。推动云南社会历史进步的代表人物,无不目光远大,胸怀全局,对世界潮流、时代嬗变,都能审视洞悉,并欣然顺应规律,故能在历史转折的关键时刻做出正确选择,成就改天换地的一番伟业。古语有"小智自私""达人大观",是将为个人谋私的小智谋与担当天下兴亡的大智慧尖锐对比而言的。否则,"其兴也勃焉,其亡也忽焉"。一个为民为国而应用心智的人,必然有达观天下的心怀,也由此激发潜能、超迈寻常,而使人生境界也更加美好而宏丽。遍观世界文明史,许多影响人类进步的伟大创新,正是以此为动力和起点的。今天,中国经济社会的快速发展,国家的日益强大,正为实现中华民族伟大复兴的中国梦开拓了无限广阔的道路,也为个人实现自身价值创造着更加富实的前景。所以,先辈们达观天下的精神我们应当引为楷模。

我们对志向高远、仰观天下、俯察民情、甘为路石、慨当以慷、求真务实的历史名人,心存景仰,并愿与千千万万的读者,尤其是青年朋友一道学习弘扬。

组织编撰"云南百位历史名人传记丛书"是一项重要的文化工程,编撰出版人员都做出了艰苦的努力,但由于众手修书,书稿层次不一,成书体例难以做到完全一致,对存在的不足敬请读者批评指正,我们将虚心接受,并在修订再版时一并吸纳修改完善。

目录 // MULU

◆ 砥砺四十载，云贵显声名：
鄂尔泰家世与生平

002 / 满族世家
003 / 宫中侍卫的磨砺与奇遇
004 / 西南发迹

◆ 时势造良臣：
鄂尔泰任职西南的历史背景

008 / 云南由稳定到变革发展的转化
010 / 雍正的励精图治与变革

◆ 强力改流，功过千秋

014 / 鄂尔泰在西南改土归流的必要性
022 / 筹划具奏，力促改土归流
027 / 奉行经理，推行改流
036 / 暴虐杀戮，镇压反抗

目录 // MULU

041 / 布设营汛,铁血善后
044 / 亦功亦罪,纷讼千秋

◆ **继承与创新:**
  发展云南经济,迈向盛世

048 / 大力垦荒,清理田亩
052 / "以水利为第一要务":制度与水利
       工程建设两翼齐飞

◆ **推动文教发展,提升云南文化**
  影响力

068 / 鄂尔泰的文化根基与文化优势
069 / 推动云南儒学与书院教育的发展
075 / 促进云南文化典籍的积累与提升
087 / "彩云之南"文化理念的定型与弘扬

目录 // MULU

◆ **公忠体国，著绩边疆：
二维视角下对鄂尔泰的评价**

102 / 公忠体国：皇权视角下鄂尔泰的
褒扬与疏抑

109 / 著绩边疆：边疆视角下鄂尔泰的
功与过

◆ **参考文献**

砥砺四十载,云贵显声名:
鄂尔泰家世与生平

纵观鄂尔泰的一生,其在西南执政的六年时间为时虽然不长,却是他最有实权、最能施展政治抱负和才干、对边疆社会产生重大影响的历史时期,是其官宦生涯中最为绚丽的篇章。

满族世家

鄂尔泰（1680—1745），姓西林觉罗氏，字毅庵，满洲镶蓝旗人。他的高祖父叫屯台，世代居住在东北汪钦（今吉林省汪清县）。努尔哈赤建立清朝后，屯台率领附近七个村屯的百姓前往归附，被编入八旗中的镶蓝旗，授予佐领官职。鄂尔泰的曾祖父图们，世袭佐领职位，追随努尔哈赤征讨明军，立有战功，在清军与明军的关键性战役——大凌河之战中不幸身亡。祖父图彦突承袭佐领后，也立有战功，晋升为参领，随摄政王多尔衮参加了山海关之战。顺治元年（1644年），清军入关后，图彦突率部追击李自成农民军至庆都县（后属直隶望都县，今河北望都县），因战功突出，被提拔担任户部郎中、督理镶蓝旗等职，入居北京。鄂尔泰的父亲鄂拜（又译写作鄂邦）出生在北京，接受了儒家文化教育，对经史颇为熟悉，先后担任户部、工部郎中，最终官至国子监祭酒。

鄂尔泰在康熙十九年二月初十日（1680年3月10日）出生于北京宣武门内甘石桥祖宅，在六兄弟中排行第四。鄂尔泰出生时，清王朝即将平定"三藩之乱"，大清江山日趋稳定，满族在继承骑射传统的同时，也注意学习吸收以儒家文化为中心的汉文化。在这样的历史背景下，鄂尔泰六岁即入私塾读书，诵读四书五经。八岁开始作文，练习书法。十七岁时考中秀才，入儒学学习，获补廪膳生。

他的父亲也常常以忠孝、勇武、自立自强的家族传统来教育鄂尔泰。因此，鄂尔泰学习很勤奋，也很有成效，与他的胞弟鄂尔奇一道，都是校内生员中之佼佼者，被称为"二鄂"。二十岁时，鄂尔泰参加了顺天己卯（康熙三十八年，公元1699年）科乡试，以第十名的好成绩考中举人。

宫中侍卫的磨砺与奇遇

康熙四十二年（1703年），二十四岁的鄂尔泰承袭了佐领之职，充任三等侍卫（正五品），以护卫皇帝和宫廷开始了他的宦海生涯。康熙五十五年（1716年），鄂尔泰改任内务府员外郎，职务虽变，品级和职责却依然如旧。在这两个并不显赫的职位上，鄂尔泰滞留了近二十年。虽然仕途平平，长期没有得到提拔重用，但鄂尔泰还是非常注重自身的修炼和磨砺。除练习骑射、光大满族传统、护卫宫廷、保驾巡行外，他还抓紧时间研读经史，上自周秦汉魏、下迄元明时期的经籍文献与史志书籍他都爱不释手、悉心研读，对宋代程朱理学体悟尤其深刻。这些努力，为鄂尔泰日后秉权施政，打下了良好的基础。

尤其值得注意的是，在担任侍卫期间，特殊的职业操守使鄂尔泰的忠君思想进一步提升。而他的忠诚，终于被当时的雍亲王、日后的雍正皇帝胤禛发现。根据《清史稿·鄂尔泰传》的记载，康熙末年，胤禛对鄂尔泰"偶有所嘱"，即偶尔授意鄂尔泰为其办事。出人意料的是，鄂尔泰居然坚持原则，以皇子"不可交接外臣"为由，将其拒绝。胤禛不但未被鄂尔泰坚持原则的固执所惹怒，反而对其大加赏识，称赞鄂尔泰"汝为郎官拒皇子，执法甚坚"。这一奇特的相识与知遇，为鄂尔泰平庸的仕途带来了巨大转机。

西南发迹

雍正元年（1723年），胤禛登基执政后，马上就启用鄂尔泰。当年，雍正帝就委任鄂尔泰充当云南省科举考试——乡试的考官。紧接其后，又擢升鄂尔泰担任江苏布政使。三年，鄂尔泰又被提拔担任广西巡抚。在还未赴广西就职之时，鄂尔泰又被雍正帝改调云南，以云南巡抚之职行使云贵总督的权力。雍正帝对鄂尔泰的提拔重用，真有点急不可耐了。次年十月，鄂尔泰被实授云贵总督，加兵部尚书衔。六年，又加广西总督，遂为云贵广西三省总督。至此，鄂尔泰已成了历史上少有的权势最重的封疆大吏，与田文镜、李卫并称为"模范总督"。九年（1731年），鄂尔泰被内召回京陛见，离开云南。这样，鄂尔泰在西南前后任职六年多。在这段不算太长的任职时间内，鄂尔泰显示出超乎寻常的政治魄力和为政能力，在西南大力实施改土归流，开辟苗疆，提拔人才，改革吏制，发展水利和社会经济，推动儒学教育与文化发展。这些举措，不但极大地促进了西南社会的变革与发展，而且使鄂尔泰的政治才干得到了充分的展示，步入其政治生涯的高峰。

鄂尔泰应召回京觐见雍正帝后，被委任为保和殿大学士，兼兵部尚书，办理军机事务，居内阁首辅地位。适逢清廷用兵西北，鄂尔泰还被委任为三边经略，到陕甘前线督师，数月后才回北京复命。因在西南改土归流功绩卓著，晋封为伯爵。雍正十三年（1735年），贵州苗疆地区各民族发动反清斗争，雍正帝认为鄂尔泰此前经理苗疆不善，遂削去鄂尔泰伯爵爵位。

雍正十三年八月雍正帝病危，庄亲王允禄、果亲王允礼和大学士鄂尔泰、张廷玉被指定为顾命大臣，鄂尔泰还与张廷玉一道为雍正帝捧御笔密诏，立弘历为皇太子。弘历也遵旨以鄂尔泰等为辅政大臣。这样，鄂尔泰在乾隆皇帝登基继位，大清皇权交接过程中发挥了极其重要的作用。这一权力交接的顺利完成，对保障清朝社会的继续发展，推进康乾盛世具有深远的影响。

乾隆皇帝登基执政以后，非常重视和倚重鄂尔泰，除大学士职务以外，先后委任鄂尔泰为总理事务大臣、军机大臣兼管兵部、领侍卫内大臣、议政大臣、经筵讲官，管翰林院掌院事，国史馆、三礼馆、玉牒馆总裁，加衔太保、太傅，赐号襄勤伯，多次主持全国科举会试。此时的鄂尔泰与张廷玉一道为百官之首，真可谓位极人臣，权倾一时，步入其政治生涯的巅峰。乾隆十年四月十二日（1745年5月13日），鄂尔泰因病辞世，享年六十六岁。

时势造良臣：鄂尔泰任职西南的历史背景

鄂尔泰出任云南巡抚、云贵总督，在西南大刀阔斧地施政改革，除自身的禀赋与才干外，还与当时的时势密不可分。

云南由稳定到变革发展的转化

从云南的历史发展走向看,康雍之际的云南正在经历由纳入清王朝大一统统治,到推动全省各地全面治理与经济社会新发展的转变时期。清朝定鼎北京,君临天下后,孙可望、李定国等率大西军余部于顺治四年(1647年)进入云南,与明朝云南地方官员联系,建立起联合抗清阵线,并于顺治十八年(1661年)将南明永历帝朱由榔迎到昆明,形成了抵抗清王朝的重要堡垒。因此,清王朝高度重视,派经略洪承畴、平西将军吴三桂率重兵平滇,其后又委任内大臣爱星阿为定西将军率军前来平定大西军余部的反抗活动。顺治十六年(1659年),清军平定云南各地。康熙元年(1662年),清军大兵逼近缅甸,迫使缅王将逃居缅甸的永历帝引渡回云南,处死于昆明,云南的反清力量基本被消灭,清军首度平定云南。

清军首次平滇后,清王朝在云南建立起军政统治秩序,形成了云贵总督、云南巡抚总揽云南军政,云南布政司专理民政,下辖各府州县,云南提督专理军务,统辖各镇、协、营绿旗官兵,云南按察司专司监察的统治格局。较为特殊的是,留平西王吴三桂于云南,建藩镇守,下辖援剿左右前后4镇,忠勇、义勇各5营藩兵。留驻云南的绿营兵和平西王藩兵,总计52000名,在当时的全国各直省,以及云南以后各历史时期,都是绝无仅有的。这一时期，云南初靖，清朝对云南的统治主要是以昆明和大理为中心，云贵总督、云南巡抚、云南布按二司均驻昆明（云贵总督曾在初期一度驻贵州和云南曲靖），云南提督则驻大理。这样，通过控制重点，驾驭全局，清王朝将云南纳入大一统统治体系。

康熙十二年（1673年），吴三桂以云南为基地，发动"三藩之乱"，云南再次被卷入战乱之中。直到康熙二十年，清王朝才平定吴氏叛乱，恢复对云南的统治。重建后的云南省级军政机构至各府州县，与顺康之际云南军政机构初建时的情况大体一致。在军事设置方面，虽然因吴三桂藩兵被取缔，云南一省绿营兵兵丁数量下降为42190名，但其布防格局仍然突出了"扼要制胜""积威控远"的原则①，将绿营兵布置于昆明、大理等中心地带，以及腹心地区、交通要道，以期居中四应，"呼应得灵"，扑灭战乱后各地方可能发生的反抗，控驭新恢复的西南边疆。大体说来，这一时期分布于中心地区和腹里发达地区的为云贵总督、云南巡抚、云南提标兵，计10600名，以及援剿左右二协兵、临元澄江镇、曲寻武沾镇、楚姚蒙景镇、永顺镇各2400名、云南城守营、大理城守营，共计绿营兵丁26000名，相当于此时云南绿营兵总数的62%；分布于腹里欠发达地区的鹤丽镇、永北镇、剑川协、元江协、广罗协、寻沾营、武定营、新嶍营、广南营，仅有兵丁

---

① 蔡毓荣：《分定增兵疏》，见《续云南通志稿》卷七十《武备志》。

12290名，占总兵额的29%；而广袤绵延的边疆地区仅设有开化镇、腾越协、顺云营，辖兵丁3900名，仅占此时云南绿营总兵额的9%。

在"三藩之乱"平定后，云南经蔡毓荣、范承勋、王继文、高其倬等督抚的治理，历经四十年的恢复和发展，清王朝在云南的统治已相当稳固，对云南的统治力已较为强大，经济社会也获得了较好的发展，与内地的政治、经济、文化联系大为加强。在此历史背景和社会基础下，清王朝对云南的统治须由羁縻领有向稳定统治转化，由居中控驭向全面治理转化，直接控制的范围相应地扩展到边远地区和山区。

雍正的励精图治与变革

从全国的角度看，历经顺治（1644—1661）、康熙（1662—1722）时期的努力，清王朝的统一局面获得了空前的发展，南明的挣扎和反抗、三藩割据势力都已消除，台湾收复，王朝对全国各地的政治、军事控制大为加强，经济社会获得了较大发展，盛世端倪初步显现。在这样的社会环境和国力状况下继位登基的雍正皇帝胤禛，年已45岁，"在藩邸四十余年"，久经政治历练，具有超强的社会洞察力和国家治理能力，对康熙后期的社会问题有较为清晰深刻的认识。因此，在皇权稳定后，雍正皇帝大力兴利除弊，在政治、经济、文化诸方面进行改革，在建立军机处、实施"摊丁入地"改革的同时,也在地方上实施保甲制度,大力改土归流,推进边疆的稳定。其中,对改土归流的态度形成了巨大的转变。自清初以来,在内外环境复杂的背景下,清王朝为笼络各种势力,巩固统治局面,除对明朝设立的参加反清斗争的少数民族土司加以镇压并取消土司资格外,对前来降附的土司都一仍其旧,确立为土司。这种做法,从顺治时期一直沿袭到雍正初年。雍正二年十二月二十六日(1725年2月8日),雍正帝在广西巡抚李绂的奏折中朱批说"土官相袭已久,若一旦无故夺其职守,改土为流,谁不惊疑"①,告诫流官劝垦耕地,只能在州县所属范围内进行,"不可侵占土司土地",触碰土司利益。在皇权稳定,对土司地区情况有深入了解以后,雍正皇帝的立场才有了较大转变,对于"肆为不法,扰害地方,剽掠行旅,且彼此互相仇杀,争夺不休,而于所辖苗蛮尤复任意残害,草菅民命"的"云贵川广以及楚省各土司",各省督抚等官应该"悉心筹划,可否令其改土归流各遵王化"②,将这些地区的改土归流提到了议事日程上来。

　　这样,清政府对云南边疆的统治走到了由政权巩固、国家统一初期的粗放控制和领有,到皇权强化、国力鼎盛

---

① 广西巡抚李绂:《奏为钦奉上谕事》,雍正二年十二月二十六日奏,《世宗宪皇帝朱批谕旨》卷二十二上,文渊阁四库全书本。
② 《世宗宪皇帝圣训·圣治二》卷六,雍正三年十二月己亥上谕兵部条,文渊阁四库全书本。

后的全面深入治理的转化阶段。这一转化轨迹与雍正登基后兴利除弊，建立清明政治，强化边疆统治的主张，历史地偶合在一起。这一历史的偶合与转化，为云南边疆的稳定与发展带来了前所未有的力量。鄂尔泰因此前知遇于尚为雍亲王的胤禛，而成为完成雍正帝在西南实施改革、强化边疆治理的不二人选。

强力改流，功过千秋

改土归流是内地王朝适应经济基础的发展，解除土司对各族残酷剥削压迫，稳定边疆各民族地区地方统治，维护地方稳定的政治改革；是历史发展的必然趋势，对西南等土司地区经济社会的发展，统一的多民族国家的巩固，都具有积极意义。然而，这一政治变革，意味着对土司政治权力的剥夺、经济利益的大幅度取缔。这就决定了这一变革，实际上是一场严峻而残酷的政治斗争。这种情况，决定了雍正帝必须委派如鄂尔泰这样的股肱之臣前来治理西南边疆，这种状况也是鄂尔泰出仕以来，面临着的最大政治考验。

鄂尔泰在西南改土归流的必要性

雍正三年（1725年）十月，鄂尔泰之所以在被委任为广西巡抚后，又被突然改任云南巡抚并管云贵总督事，是因为云南、贵州的改土归流进入了进退维谷的关键时期。

雍正初期，在对清代初期云南部分反抗或反叛的土司顺势进行改土归流的基础上，云贵总督高其倬奏请废除丽江土知府木钟，改派流官统治。其后，又废除了威远土知州刀光焕，实施改土归流。然而，对于地域较广、势力较强大的滇川黔联结地带，如何实施改土归流，雍正帝表现得较为谨慎，谕令"一切机宜，务出万全慎密，勿少轻易致生事端"。很显然在雍正帝看来，以这一地区为中心的西南地区的改土归流，必须交由可靠有为的重臣来办理。而鄂尔泰正好满足了这样的要求。雍正帝在雍正三年十二月十九日鄂尔泰所上《谨奏为恭谢圣恩报明臣体痊可事》奏折的朱批中便明白说道："朕与卿（鄂尔泰）一种君臣相得之情，实不比泛泛，乃无量劫善缘之所致。"鄂尔泰被委任为云南巡抚后，在北京停留了五天，曾经"六蒙召见"，雍正帝对其面授机宜，严加训谕，"训诲俨若严师"。① 这种特别的恩遇，既体现出雍正皇帝对鄂尔泰

---

① 鄂尔泰：《谨奏为恭谢圣恩报明臣体痊可事》，雍正三年十二月十九日奏，见《世宗宪皇帝朱批谕旨》（按：即《雍正朱批谕旨》）卷一百二十五之一，文渊阁四库全书本。

的极度器重和厚望，也说明了其对西南地区改土归流诸事宜的高度重视。

当然，雍正帝之所以委任心腹之臣鄂尔泰主政云贵，实施改土归流，主要是因为改土归流对西南各族社会的稳定和发展具有极其重要的意义。

首先，对于西南很大一部分地区来说，改土归流是调适上层建筑以适应经济基础的新发展，化解社会基本矛盾，促进社会稳定与发展的大事。土司制度肇始于元，明代大为恢拓，制度趋于完善，形成了以云南、贵州、四川为中心，广泛分布于湖广、两粤、甘肃、青海、西藏等地的有别于内地各省的特殊地方统治制度。清代则在制度进一步完善的前提下，对一部分土司实施改土归流，使土司制度走向衰落。土司制度在本质上属于羁縻，系在政治、经济、文化和民族情况与内地存在较大差别的少数民族或边疆地区，在奉中央王朝为正朔，归属于中央王朝的前提下，以其酋首世袭统治所属民族，酋首对各族的统治则可保持各族原有的方式不变，即所谓"因其故俗而治"。然而，与秦汉时期的属国制度、边郡制度以及南朝时期的左郡左县制度、唐宋时期的羁縻府州（或称边州制度）相比，土司制度已体现出其进步发展的新特点：在发展边疆和少数民族地区政治、经济、文化发展，加强王朝控制力的基础上，土司的职级较系统，形成了文职土司（土知府、土知州、土县令，以及土同知、土通判等佐贰官，称为土官）、武职土司（宣慰使、宣抚使、安抚使、招讨使、长官司长官等，为狭义土司）两大职级系统，中央王朝在土司的确立、管理与联系机制、贡纳与奖惩、土司的请袭、袭职禁例诸方面，已建立起较为完整的制度，对土司形成了较严密的控制。正是因为土司制度这一新发展，中央王朝对土司地区的统治因此大为加强，土司地区与内地的政治、经济、文化联系获得了较大的发展，所属边疆与少数民族地区更为稳固地被纳入到了统一的多民族国家之中。

然而，土司制度毕竟仍属"以夷治夷"的羁縻统治，土司地区在政治制度、赋役承担诸方面仍与内地存在差别，仍然制约着中央集权统治在土司地区的实施，一定程度影响着边疆地区的社会稳定和疆域完整。在土司地区经济社会发展、王朝统治力加强的情况下，改土归流终将成为王朝治边的努力方向。

事实上，在元明清时期随着行省制度在云南的建立和发展，内地王朝对云南的大一统统治不断加强，内地汉族、回族、蒙古族等大量进入云南，尤其是明代形成了汉族移民入滇的高潮，仅卫所军兵及其家属即有近90万人口移入云南，汉族已上升为云南的主体民族，广泛分布于腹里平坝地区，极大地改变了云南的民族构成和经济社会面貌。因此之故，万历年间（1573—1620）谢肇淛在其所著《滇略·俗略》中描写云南的社会情况说："其人土著者少寄籍者多，衣冠、礼法、言语、习尚，大率类建业。二百年来薰陶渐染，彬彬文献，与中州埒矣！"在这一变化过程中，地主制经济、小农经济获得了较大发展，极大地动摇了土司制度赖以存在的经济基础。清朝平定云南以后,将明代的屯田、官庄、勋庄等国有土地民地化,并开放地权,鼓励耕垦,汉族移民耕垦的范围由明代的中心区和腹里地区向边疆和山区扩展,土司制度存在的经济基础受到了更加激烈的冲击和影响,被进一步蚕食和动摇。适应经济基础的变化,建立在前地主制经济基础之上的土司制度已对生产力的发展形成了桎梏,改行流官统治已经成为历史发展的必然。对此,鄂尔泰也有较为清楚的认识:"(土司)开端创始,势不得不然。今自有明以来,已数百年,中外一体……乃仍以夷待夷,遂致以盗治盗,徒令挟土司之势以残虐群苗。"因此,他主张不但要对土司严加考成,条件成熟者还要予以改土设流,以靖地方。①

其次,改土归流是调适包括云南等边疆少数民族地区社会主要矛盾、稳定社会的必然举措。在土司地区社会经济文化发展的历史条件下,土司统治的存在对地方的稳定形成了较大的危害。最直接者,土司对所属民众的剥削压榨,激化了社会基本矛盾。在土司制度实施的云南、贵州、四川、广西、广东、湖广、甘肃、青海和西藏等地区,土司只要不违反王法,遵循土司制度相关规定,土司即可作为王朝命官,获得朝廷的保障,从而形成了残酷压迫、剥削夷民的政治资本。土司除向所属夷民征收实物和劳役地租外,还可一定程度地控制夷民的人身和家庭。土司甚至

---

① 鄂尔泰:《奏为分别流土考成以专职守以靖边方事》,雍正四年八月初六日奏,见《世宗宪皇帝朱批谕旨》卷一百二十五之二,文渊阁四库全书本。

还以向中央交纳土贡和差发为由，恣意掠夺民户财产。这种情况，雍正帝和各土司分布区的封疆大员都有所认识。雍正二年（1724年）五月十九日，雍正帝便在谕四川、陕西、湖广、广东、广西、云南、贵州督抚提镇时说："朕闻各处土司鲜知法纪，所属土民每年科派，较之有司征收正供不啻倍蓰，甚至取其马牛、夺其子女，生杀任情，土民受其鱼肉，敢怒而不敢言。"①雍正五年十二月己亥（1728年1月28日），雍正帝在上谕兵部时又说："向来云贵川广以及楚省各土司……于所辖苗蛮，尤复任意残害，草菅民命，罪恶多端，不可悉数。"②相较而言，对土司残酷压迫剥削所属民众的揭露，最为深刻的是蓝鼎元，他在《论边省苗蛮事宜书》中痛陈说，"楚蜀滇黔两粤之间，土民杂处……（土司）无所忌惮而敢于无所不为也。苗民受土司荼毒更极可怜，无官民之礼而有万世奴仆之势。子女财帛，总非本人所自有"，其中的贵州土司对苗民"一年四小派，三年一大派。小派计钱，大派计两，土民岁输土徭较汉民丁粮加多十倍。土司一日为子娶妇，则土民三载不敢婚姻；土民一人犯罪，土司缚而杀之，其被杀者之族尚当敛银以奉土司，六十两、四十两不等，最下亦二十四两，名曰砧刀银。种种朘削，无可告诉"③。土

---

① 《世宗宪皇帝圣训》卷十五，雍正二年甲辰五月辛酉上谕四川陕西湖广广东广西云南贵州督抚提镇，文渊阁四库全书本。亦见雍正《云南通志》卷二十九之一、雍正《广西通志》卷九十七。
② 《世宗宪皇帝圣训》卷六，雍正五年十二月己亥上谕兵部。
③ 蓝鼎元：《论边省苗蛮事宜书》，见《鹿洲初集》卷一。

司对所属各族的经济盘剥和人生压榨、残害，真是令人发指。鄂尔泰到任云南巡抚管云贵总督事后，在了解了云贵两省的情况后也得出了相近的认识："挟土司之势以残虐群苗，随复逞群苗之凶以荼毒百姓；横征苛敛，贡之朝廷者百不一二，而烧杀劫掳，扰我生民者，十常八九。"①诸如镇沅土知府刀瀚，朝廷每年向其额征米一百石、银三十六两，他却借机向属民征米一千二百一十二石、银二千三百四十八两，因此"其征之私橐者不啻百倍、数十倍，而输之仓库者十不及一二、百不及二三。由此类推，又何可胜计"②。这样，不少土司对属民的残酷剥削和压榨，与流官治下民户所承担的赋税额度形成了较大的反差，也与已经发展了的社会经济状况不相符合，形成了社会日益尖锐的矛盾。

另外，一些势力强大的土司还违反土司制度严禁攻伐邻封土司的禁令，侵扰攻掠其他土司辖区或流官所管辖之府州县。雍正五年十二月己亥雍正帝在谕兵部时即指出："向来云贵川广以及楚省各土司，僻在边隅，肆为不法，扰害地方，剽掠行旅，且彼此互相仇杀，争夺不休。"③鄂尔泰也奏报称："乌蒙土府与东川接壤，骄悍凶顽，素称难治，不惟东川被其杀掳，凡黔滇蜀接壤之处，莫不受

---

① 鄂尔泰：《奏为分别流土考成以专职守以靖边方事》，雍正四年八月初六日奏，见《世宗宪皇帝朱批谕旨》卷一百二十五之二，文渊阁四库全书本。
② 鄂尔泰：《奏为剪除夷官清查田土以增租赋以靖地方事》，雍正四年九月十九日奏，《世宗宪皇帝朱批谕旨》卷一百二十五之二，文渊阁四库全书本。
③ 《世宗宪皇帝圣训》卷六，雍正五年十二月己亥上谕兵部。

其荼毒。"① 在明清土司制度对土司的管理中,"攻伐邻封土司"是禁例之一,主观上有利于维护王朝在土司地区统治秩序,客观上也有助于土司地区社会的稳定、各族生产生活的正常开展。这是加强边疆少数民族地区统治能力以后,在以往羁縻统治基础上形成的边疆治理新发展的重要表现。而部分土司依恃自身势力对这一"禁例"的突破和挑战,破坏了土司地区社会的安宁,危害着王朝对土司的统治权力,在皇权和国力加强的前提下,这是必须予以严惩的行为。

更有甚者,一些土司还窝藏不法分子,进攻或扰乱流官辖地,对社会形成了更加严重的危害。这种行为与雍正初年以来雍正帝力图通过推行保甲制度、汛塘制度,以达到强化地方控制的努力形成了尖锐的矛盾。在此一过程中,雍正君臣尤其将未能直接控制湖广、云贵等南方地区土司作为严重的问题提了出来。雍正元年(1723年)十二月,云南巡抚杨名时根据雍正帝的谕旨,开始在云南各府州县编立门牌,以十家为甲,十甲为保,建立保甲制度。继任的云南巡抚高其倬等也继续推进这一制度。这样,土司制度对所属地区社会发展与稳定的影响,与雍正帝强化边疆民族地区统治的举措形成了不可调和的矛盾,这是近年来部分学者所提出的雍正朝改土归流原因的看法②。

---

① 鄂尔泰:《谨奏为敬陈东川事宜仰祈圣裁事》,雍正四年三月二十日奏,《世宗宪皇帝朱批谕旨》卷一百二十九之一,文渊阁四库全书本。
② 常建华:《清雍正朝改土归流起因新说》,《中国史研究》2015年第1期。

对于封建王朝而言，一部分土司的不法行为不仅激化了社会矛盾，扰乱了当地的社会秩序，而且还因很多土司地区处于边疆要地，对中央对边疆的统治及边防形势形成了极大的威胁。这一情况，在滇东北地区表现最为突出。此区域，内部则夷（多发展为今彝族）苗杂处，政治、经济、文化状况颇为复杂。明代其行政又隶属于四川，形成了四川因地远而鞭长莫及难以管理，云南地近易管理却又无权过问、难以作为的矛盾。推延到清初，这里仍保留着乌蒙土府（约今昭通市）、芒部土府（今镇雄县）、东川土府（今会泽县、巧家县、昆明东川区）的土司统治格局。康熙三十一年（1692年），东川府虽然被改土归流，但是"改流三十载，仍为土目盘踞"。其南又与沾益（今宣威至沾益一带）、禄劝等难治之地连接。更为严重的是，这一地区经贵州水西诸夷之地，与尚未设土司管理的以古州为中心"广袤二三千里"的贵州"苗疆"连成一片。这样，云南东北部今昭通、会泽、宣威一带，西联贵州苗疆域，不但本身形成了一个巨大的影响西南边疆稳定的夷苗政治势力范围，而且作为咽喉要地阻梗着内地经四川或湖广进行云南的交通，对清王朝建立与西南边疆的有效联系，稳固统治西南各族地区，形成了较大的障碍。

除此之外，滇西北地区的中甸、维西的土目统治，明末蒙古和硕特部的入藏，对于抵御蒙番侵扰西南有重要作用。康雍之际，蒙古势力虽然已被清廷逐出西藏，这一地区在雍正初年被划归云南，起着分割藏区、遏制政教治下的藏区将势力扩大到滇川靠内地区的作用。滇南地区的普洱、镇沅一带,也存在着与车里宣慰司(约辖今西双版纳一带)相连,影响着边境地带防务与边疆安全的作用。①此等情况,表明云南的几个势力较大的土司分布区,土司的存在和统治不但直接妨碍着辖区内的社会稳定,而且还广泛深刻地影响着整个西南边疆的统治和稳定。

总之,改土归流是内地王朝适应经济基础的发展,解除土司对各族残酷剥削压迫,稳定边疆各民族地区地方统治,维护地方稳定的政治改革;是历史发展的必然趋势,对西南等土司地区经济社会的发展,统一的多民族国家的巩固,都具有积极意义。然而,这一政治变革,意味着对土司政治权力的剥夺、经济利益的大幅度取缔。这就决定了这一变革,实际上是一场严峻而残酷的政治斗争。这种情况,决定了雍正帝必须委派如鄂尔泰这样的股肱之臣前来治理西南边疆,这种状况也是鄂尔泰出仕为官以来面临着的最大政治考验。

筹划具奏,力促改土归流

在被委任为云南巡抚之前,鄂尔泰对云南有多少了解,已无可考稽。若以情理推测,鄂尔泰近四十年潜处宫中担任侍卫,他对云南的了解应该是极其有限的。雍正帝

---

① 详见马国君《雍正朝"改土归流"的动因新议》,《吉首大学学报》2007年第2期。

即位后，鄂尔泰突然获得重用，于雍正元年被钦点为云南乡试副主考，算是第一次来到云南，对云南有所了解。雍正三年（1725年）十二月，鄂尔泰被委任为广西巡抚，未上任之时突然被改任为云南巡抚兼管云贵总督事。在赴任前鄂尔泰短暂滞留京城，五天之内六次被雍正帝召见，面授治滇机宜。这几次召见，使鄂尔泰倍感皇恩浩荡，治滇责任重大，也促使鄂尔泰开始处心积虑地考究滇事民情。

雍正三年十二月初二（1726年1月4日），鄂尔泰带病启程赴任云南巡抚，四年正月二十八日（1726年3月1日）到达云南马龙州，接受了云南巡抚的印信，并于二月初一日（3月4日）抵达云南会城（省城）昆明之云南巡抚署就任。鄂尔泰就任之始，即"按稽志图，博访舆论"，访察云南山川自然、民情风俗和社会情况。二十天后，也即二月二十日（3月23日），鄂尔泰即向雍正帝上奏两个奏折：《奏为恭谢圣恩事》《奏为遵旨覆奏事》。在后一奏折中，鄂尔泰根据云南、贵州两省的自然民情，就免除两省余粮之议、令民户自报田亩以增税粮、土司以输粮为名占据私享钱粮、云南盐课钱粮诸事，向雍正帝做了较为深入的奏报。三月二十日，鄂尔泰上《谨奏为敬陈东川事》奏折，专门就东川、乌蒙一带的社会情况与矛盾，提出了将东川府的管辖权由四川改归云南的请求。据统计，仅《四库全书·诏令类》便收录了鄂尔泰从雍正元年至雍正九年九月初二日上奏的有关改土归流的奏折290份，其中有关云南的达126份，另外《清代皇帝御批彝事珍档》又收录鄂尔泰从雍正七年十一月初七日到雍正九年的奏折9折。这些奏折,反映出鄂尔泰极为重视对以云南为中心的西南地区山川民情、经济社会等方面情况的了解,不但认识速度超乎寻常,而且颇为全面深入。作为较原始的材料,这些奏折较完整地反映了雍正年间改土归流的缘起、发展与善后工作。

在调查认识的基础上,鄂尔泰坚定了改土归流的决心,成为雍正年间西南改土归流的有力推动者。鄂尔泰就任云南巡抚后,鉴于土司之弊,早在雍正四年二月二十四日(1726年3月27日)的《奏为遵旨覆奏事》的奏折中即坚定地提出了"欲靖地方,必先安苗倮;欲安苗倮,必先制土司",首次旗帜鲜明地提出了在西南进行改土归流的主张。其后,在雍正四年三月二十日的《奏为敬陈东川事宜仰祈圣裁事》中,针对乌蒙土府、东川接壤,土司土酋"骄悍凶顽,素称难治""若不早图,终为后患",请求将东川府划归云南管辖,然后逐渐开展这一地区的改土归流,如此通过两三年的努力,"可一举大定",实现改土归流后这一难治之区的稳定。雍正四年九月十九日,在《奏为剪除夷官清查田土以增租赋以靖地方事》一折中,鄂尔泰又指出"苗倮逞凶,皆由土司",土司并不遵照国家法度,仅仅依仗拥有土官土目的名号,肆意摧残汉民、荼毒各少数民族,因此土司制度是"边疆大害,必当剪除者也";并且,在鄂尔泰看来,改土归流系滇黔第一要务,因为"若不尽改土归流,将富强横暴者渐次擒拿,懦弱昏庸者渐次改置，纵使田赋兵刑尽心料理，大端终无头绪"。而改土归流一事，必须有胆略有信心，"稍有瞻顾，必不敢行；稍有懈怠，必不能行。不敢与不能，必致负君父而累官民"①。这一番论说，既陈述了土司对夷汉各民族的危害，又指出了改土归流在西南诸政务中之"第一要务"的地位，更体现出了鄂尔泰改土归流的超常胆识与坚定决心。

鄂尔泰在改土归流一事上的决心和坚持，逐渐打消了雍正皇帝对改土归流的顾虑，最终选择了坚决支持鄂尔泰在西南地区大刀阔斧地实施改土归流。雍正即位之初，虽然深知土司制度之弊，痛恨土司的不法与残暴，但在实施改土归流上却显得较为谨慎，甚至是顾虑重重。起初，雍正皇帝认为乌蒙、镇雄在土司中尤为强横不法，是地方之大患，很多大臣也都奏请改土为流；但是雍正皇帝改土归流的决心却还缺乏，认为这样的重任必须委任得人，而当时的云贵总督高其倬"不能办理此事"，希望在鄂尔泰赴任后再令其悉心斟酌办理。然而，鄂尔泰到任后，雍正帝也并未解除顾虑，大胆改土归流。当鄂尔泰提出了"欲靖地方，必先安苗猓；欲安苗猓，必先制土司"的主张后，雍正帝虽在朱批中称"此论是极当极"，但又提醒鄂尔泰说"欲速则不达，详审为之"。而对于鄂尔泰提出对乌蒙、东川等地土司加以惩治时，雍正帝又谕令说，应该"将乌

---

① 鄂尔泰：《奏为剪除夷官清查田土以增租赋以靖地方事》雍正四年九月十九日，《世宗宪皇帝朱批谕旨》卷一百二十五之二。

蒙土官土目先行详加戒谕，令其毋虐土民，毋扰邻境，痛改前非，恪遵法度。倘敢怙恶不悛，罔知敛戢，应作何惩治，尔当悉心筹划，将来若可改土归流，于地方大有裨益。但一切机宜，务出万全慎密，勿少轻易致生事端"①。对于这两个影响川滇黔三省局势的不法土司，雍正帝还是主张先进行"戒谕"，未收效时再提出惩治措施，再未收效则再悉心筹划将来改土事宜，一步步务求制定万全之策以免挑起事端或引起土司地区的社会动荡，可谓慎之又慎、顾盼难决。

就是在这样关键而又艰难的时刻，鄂尔泰坚信并坚持改土归流的主张，向雍正帝不断陈述土司制度的弊端以及很多土司的罪恶，论说改土归流对于维护西南边疆稳定和王朝统治的重要性。终于，当鄂尔泰在雍正四年九月十九日（1726年10月14日）上《奏为剪除夷官清查田土以增租赋以靖地方事》一折后，雍正帝最终下定了改土归流的决心，他在鄂尔泰奏折中的"稍有瞻顾，必不敢行；稍有懈怠，必不能行"旁朱批道："即此二句，上天鉴之矣！"在鄂尔泰提出的改土归流方针后，雍正帝又朱批"好！"，谕令鄂尔泰"即如此议"。雍正年间西南地区大规模的改土归流，至此方一锤定音。后来，在雍正八年（1730年）雍正帝回顾改土归流一事时说："朕在九重之上、万里之外，安能代为之谋耶！即如数省中土司之改土为流也，何

---

① 鄂尔泰：《奏为敬陈东川事宜仰祈圣裁事》，雍正四年三月二十日奏，《世宗宪皇帝朱批谕旨》卷一百二十五之一。

尝不系奉旨之事，而其发端之始，则皆出于督抚臣工之条奏，而非出自朕意……惟是剿抚之事，恐滋地方之扰，不肯轻易举行。即以乌蒙、镇雄而论，在土司中尤为强横不法，其为地方之患乃天下之所共知者。大臣等奏请改土为流者甚多，朕知高其倬不能办理此事，于鄂尔泰赴任滇南时，令其悉心斟酌。及鄂尔泰抵任后，筹划具奏，以为必应举行。朕始降旨谕允，交与鄂尔泰、岳钟琪办理……此实鄂尔泰始而定议，继而奉行经理。封疆之功，朕必不肯于成功之后将本非朕意之事归功于己也。"① 这番回顾总结，较为客观地分析了雍正初年以来改土归流的背景、渊薮和过程，较为充分地肯定了鄂尔泰在改土归流这件大事上所起的重要作用。因此，从当时君臣之议到核之史实，可以很清楚地得出这样的结论：鄂尔泰以其对云南、贵州边情的深入了解，认识到了土司制度对各族生产生活的危害、对西南边疆稳定的影响，坚决主张改土归流，这是雍正皇帝由犹豫不决到坚定地支持西南改土归流的最直接、最重要的影响因素。

奉行经理，推行改流

经过认真调查考察及系统缜密的思考筹措，鄂尔泰在奏请与实施改土归流的过程中，对西南改土归流形成了较

---

① 《世宗宪皇帝上谕内阁》卷九十三，雍正八年四月《上谕十六道》。

为系统可行的方案。

首先，鄂尔泰提出对西南地区的土司要加以区分，慎重确定改土归流的对象。在雍正六年二月初十日（1728年3月20日）所上的《覆奏事》奏折中，鄂尔泰将土司分为七类：有应改者、有不应改者、有可改可不改者、有必不可改者、有必不可不改者、有应改者而不得不缓改者、有可不改而不得已竟改者。应该说，对土司加以区分，确定其是否要实施改土归流，这是非常正确的做法。因为，土司数量众多，分布范围较广。有学者对雍正《云南通志》、道光《云南志钞·土司志》所载的云南土司数进行了统计，雍正时期云南存有土司47家。① 各土司在所属民族类别、自然环境和社会经济、文化发展诸方面都存在差别，实施改土归流的成熟度自然也就各不相同。然而，鄂尔泰甄别土司，确定是否对其进行改土归流，则主要看土司有无"过犯"，能否维持土民相安。"如果相安，在土原无异于在流；如不相安，在流亦无异于在土也。"这也就是说，如果土司守法"无犯"，即使是处在土司的统治之下，也与流官统治有同样的效果；而如果是改土归流后，社会扰攘不宁，虽然已处于流官统治下，与土司统治也没有什么区别。因此鄂尔泰认为，是否改土归流，重在审时度势，顺情得理，经过细心访察，确知土司已有过犯，危害社会安宁，才可决定进行改土归流；

---

① 张鑫昌、李兴福：《鄂尔泰奏折与云南改土归流》（续），《档案学通讯》2008年第2期，第93页。

而对那些遵守朝廷法度、没有过犯的土司，则不能进行改土归流，否则只会使本来相安的土民变得不相安，反而造成边疆的动荡不宁。很显然，鄂尔泰以土司有无"过犯"，作为改土归流的区分准则，是雍正帝继位以来通过保甲制、绿营兵汛塘布防，增进社会稳定、边疆巩固的政治努力的反映。这一做法，对于加强中央王朝对边疆地区的统治，促进各族社会的稳定有积极作用。然而，过多强调土司是否"过犯"，以维护和强化王朝的统治为是否改土归流的标准，忽视了改土归流必须具有的经济、文化条件，强行改流，也有违社会发展的规律，容易引发社会的矛盾和动荡，这也正是滇东北改土归流后流血冲突的根源之一。

其次，鄂尔泰制定了改土归流的方式和方法。雍正四年九月十九日（1726年10月14日），鄂尔泰在《奏为剪除夷官清查田土以增租赋以靖地方事》的奏折中，明确提出了改土归流的方式和方法："计擒为上策，兵剿为下策；令自投献为上策，勒令投献为下策。"这一方法，与鄂尔泰在相关奏折中提出的改土归流要"设法鼓舞，济以威严""先怀以德，继畏以威""威止可一举，恩可以先施""或须擒拿，或令投献"等主张显然是一脉相承的，他希望能尽量通过和平方式实现改土归流。这种方法，在不少改土归流条件较为成熟的土司地区确实得以实现，收到了很好的效果，应该给予肯定。

鄂尔泰在西南地区实施的改土归流，开始于雍正四年（1726年）六月对沾益州土知州安于蕃的改流。九月十九日，鄂尔泰上《奏为剪除夷官清查田土以增租赋以靖地方事》较为坚决地提出了在西南实施改土归流的请求，获得雍正帝支持，朱批："即如此议，好！"十月，鄂尔泰获云贵总督实授，加兵部尚书衔。雍正六年（1728年），鄂尔泰又被委任为云贵广西总督，并获太子少保衔。随着职务的升迁，权力的扩大，鄂尔泰改土归流的力度也逐渐加大。雍正五年（1727年），将乌蒙土府和镇雄土府由四川改隶云南，并于次年废除两地之土司统治，降镇雄土府为州，使之隶属于乌蒙府；又先后设镇雄州州同驻彝良，设州判驻威信，设府同知驻大关，设通判驻鲁甸（起初驻大关），设永善县于米贴，设恩安县于昭通。对于康熙三十七年（1698年）即已改土设流的东川府，则奏请于雍正四年划归云南，并于府下新设会泽县。在滇南地区，在雍正初年云贵总督高其倬对威远土知州（今景谷县）刀光焕进行改土归流的基础上，雍正五年鄂尔泰以镇沅土府（今镇沅县）土知府刀瀚"贪劣"而革其土知府职衔，改置流官。雍正四年，改者乐甸长官司为恩乐县（今镇沅恩乐），委任流官统治其地，隶属于镇沅府。普洱地方原为元江府附带统治之地，雍正七年（1729年），以普洱等六大茶山及橄榄坝等车里宣慰司统治下的澜沧江内六版纳地设立普洱府，又设同知分驻攸乐，设通判分驻思茅。大体说来，因筹措得当，准备较好，云南的改土归流顺利推进，至雍正七年改土归流基本完成。

鄂尔泰在改土归流过程中，对于土司处理和安置改流，确实针对不同的情况加以区别对待，体现了他奏报中提出的改土归流的原则和方法。对沾益土知州安于蕃、者乐甸长官司刀联斗的改土归流，即为两种截然不同的典型。经"屡据呈诉，访察确实"，鄂尔泰确切地掌握了沾益土知州安于蕃的不法罪行，即"势恃豪强，心贪掳掠，视命盗为儿戏，倚贿庇作生涯，私占横征，任其苛索，纵亲勾党，佐其恣行，卷案虽多，法不能究"，不法之举，不胜枚举。据此，鄂尔泰将其归为"过犯"土司，列为通过军事手段"擒获"改流的对象。于是，鄂尔泰于雍正四年六月二十九日（1726年7月28日），秘密派遣直属于他的抚标左营游击署寻沾营参将祝希尧，率绿营兵设法捉拿安于蕃。七月初四日，安于蕃被一举擒获，押赴曲靖转解。① 其后，鄂尔泰将安于蕃迁徙安置于江宁（今属南京），以其原来管辖之地设置了宣威州。与沾益州安于蕃改土归流不同，镇沅府者乐甸长官司长官刀联斗，自知罪无可逃，主动出迎，投献印信号纸，但求免死，愿意接受改土归流。鄂尔泰遂将该长官司地改为恩乐县，派流官统治。因刀联斗系自动投献，鄂尔泰只是收其田赋、稽其户口，但仍然留给其足量田粮以资养赡，并保留了刀氏职衔、冠带终身以示鼓励。

在鄂尔泰对西南地区的改土归流中，今云南东北部的

---

① 鄂尔泰：《奏为擒制积恶土官事》，雍正四年七月初九日奏，《世宗宪皇帝批谕旨》卷一百二十五之二，文渊阁四库全书本。

乌蒙土府、镇雄土府的改流无疑是重中之重。因为筹措周密，准备较好，这一区域的改土归流却进行得很顺利（尽管善后阶段发生了较为严重的动荡与冲突）。这两个土府与东川府一样，明代以来隶属于四川；为保证改土归流的顺利进行，鄂尔泰首先于雍正四年十二月奏请雍正帝，将乌蒙、镇雄两个土府及已经改土归流的东川府划归云南管辖。这一调整改变了此前这一地区归属于四川管辖时，四川有管辖权却鞭长莫及、难以行使权力，而云南虽比较接近，易于管辖却又无权过问的弊端，为有效改土归流提供了保证。其次，鄂尔泰还从大局出发，暂时将原拟处置的东川府巧家六营土目事宜搁置起来，让东川府知府黄士杰与云南粮储道张允随一道，以东川府为基础积极准备乌蒙土府的改土归流问题。再次，深入了解乌蒙土司内部情况，合理开展改土归流。鄂尔泰等经过调查，了解到乌蒙土知府禄万钟，不仅年仅15岁，且"毫无知识"，对局势的影响力较小，其母子又与掌握乌蒙实权的禄鼎坤（万钟之叔）不和。针对这种情况，鄂尔泰将改土归流的中心工作放在对禄鼎坤的劝谕上。在对乌蒙土府的改土归流中，又将政治劝谕与武力改流相结合：一面由署东川府知府黄士杰秘密派遣干练之人深入乌蒙府辖区，打探、寻找与禄鼎坤熟识的土目，委托他们前去开导禄鼎坤、晓以利害，明确告知改土归流的要求；另一方面又委派总兵官刘起元、云南粮道张允随前往东川府料理一切，做好军事部署。鄂尔泰本人也亲赴贵州威宁坐镇，沿途调集官兵及各路土兵，安排他们秘密潜伏于各营，听候调用。结果，禄鼎坤被劝说后率亲信到江界会面，商议改流事宜。会谈时，鄂尔泰仅派东川府署知府黄士杰带几个人前往，并无一兵一卒。黄士杰仅仅是谕以顺逆，晓以祸福。禄鼎坤因此大为感动，率领他的两个儿子及各头目随黄士杰到东川府治（今会泽县城），"剃头改服，以明输诚之意"。雍正五年十二月十三日（1727年1月4日），鄂尔泰由贵州前往东川府，禄鼎坤父子提前一天到达百里之外，"匍匐道左，情词哀切"，将鄂尔泰迎接到东川府治。鄂尔泰不但赏给禄鼎坤绸缎银两，而且还将其委任为土守备，命令他随同游击张鹤前往乌蒙土府招纳禄万钟。① 这样，鄂尔泰对禄鼎坤的和平招纳，奠定了乌蒙土府成功改土归流的基础。

尽管禄万钟母子在属下刘建隆等的唆使下，没有顺利接受改土归流，并在镇雄土府的协助下派土司兵进攻鲁甸；但经禄鼎坤带领土兵三千余人协助清军进击，乌蒙土兵溃散。十二月二十七日（1月18日），鄂尔泰派总兵刘起元等率领清军进抵乌蒙土府府治，"乌蒙各寨头目等沿途投诚者前后已三千余户，相约剃头者无算"，禄万钟母子率少量亲信逃匿。这样，清政府登记了乌蒙土府的财产，对归附之民给予妥善安置和奖赏，乌蒙府改土归流的基础性工作完成。

---

① 鄂尔泰：《奏为钦遵圣谕事》，雍正四年十二月二十一日奏，《世宗宪皇帝批谕旨》卷一百二十五之二，文渊阁四库全书本。

与乌蒙府类似，镇雄土府势力也较强，且"怙恶不悛"，必须进行改土归流。鄂尔泰了解到该土府内部的实情，担任土知府的是陇庆侯，年仅十五岁，执政能力较弱，很多事务受其手下范掌、案纽、纽巴等操纵。土府内掌握实权的其实是他的胞叔陇联星。于是，鄂尔泰除部署威宁镇绿营兵作为威慑外，还命令威宁镇总兵孙士魁、知府杨永斌等主动联络陇联星，喻以形势和叛服后果。陇联星表示"服罪，归命军前，愿求效力"。陇联星的归附，不但使镇雄之势"已分其大半"，对镇雄土府改土归流影响较大，而且还作为前导，有力帮助了清兵在鲁甸挫败乌蒙土府禄万钟土兵的反叛，进而在进取陇庆侯的军事行动中发挥了重要作用。最终，鄂尔泰派清军于雍正五年正月初七日（1727年1月28日）攻占镇雄土府，陇庆侯出逃四川凉山。

在鄂尔泰派兵控制乌蒙、镇雄两个土府后，走投无路的乌蒙土知府禄万钟及其母于雍正四年十二月二十九日投首四川总督岳钟琪，献土归印，雍正五年正月十四日镇雄土知府陇庆侯又向四川地方官投首。在此局势下，鄂尔泰遂在滇东北正式实施改土归流：废除乌蒙土知府，改设流官知府，仍称乌蒙府；废除镇雄土府，将镇雄降为州，派流官知州掌治其地，隶乌蒙府管辖；在乌蒙土府原辖地鲁甸地方新设一县。

总体说来，经过鄂尔泰等的努力，自雍正四年至六年（1726—1728）云南的改土归流包括：雍正四年，废除阿迷州（约今开远市）土知州李氏、邓川州土知州阿氏，在二州改派流官知州统治；同年，废除沾益州土知州安氏，改设宣威州，由流官知州统治；废除者乐甸长官司长官刀氏，以其地设恩乐县（今镇沅县东北恩乐镇一带），由流官统治；雍正四年底，废除乌蒙土知府禄氏，改行流官知府统治，九年改称昭通府。雍正五年初，废除镇雄土知府陇氏，降为镇雄州，派流官知州统治，隶属于乌蒙府，其后又设镇雄州州同驻彝良，设州判驻威信，设昭通府同知驻大关、设通判驻鲁甸（起初驻大关），设永善县于米贴、设恩安县于昭通；同年，废除镇沅土府刀氏，仍设镇沅府，派威远厅同知署知府事；同年，以罪革除永平县土县丞马氏。六年，取消车里宣慰司宣慰使刀氏对澜沧江以内思茅等地的统治，设置普洱府，由流官知府统治其地。另外，为了加强对藏区的统治，清廷决定于雍正五年"以红石崖为分址，凡江外中甸、江内其宗、喇普、阿墩子等地方，俱还滇辖"①。鄂尔泰遂于这一地区设维西厅和中甸厅，隶属于鹤庆府②，并于同年四月戊申（1727年6月11日），移鹤庆府通判驻维西，添设剑川州判一员驻中甸，这一地区也首次由王朝直接设官统治。

除云南外，鄂尔泰还在其管辖的广西、贵州实施改土归流，开辟"苗疆"，派官加以统治。在广西，于雍正五年对"地方二千余里，承袭数百余年"的泗城土府（今贵

---

① 见《滇云历年传》卷十二。
② 见《清史稿·地理志》云南丽江府条。

州西南部、广西西北部地区）实施改土归流，并以红水江（今称红水河为界）将江北之地划归贵州管辖，广西仅辖江南之地。在贵州于雍正五年将康佐长官司长官薛世乾、平浪长官司长官王秉乾改土归流；雍正八年，将把平长官司长官肖来凤改土归流。雍正七年又大力开辟贵州东南部以古州为中心的八百里苗疆，在派兵驻守的基础上，设八寨、丹江、清江、古州、都江五厅，委派通判或同知统治其地。这片广阔的苗疆之地，由此被直接纳入了中央王朝的施治范围。

暴虐杀戮，镇压反抗

从本质上讲，改土归流是把边疆或少数民族地区的统治权力，由地方上层分子手里收归至以流官为代表的中央王朝手中，这是一种权力的剥夺和转移，极有可能引起权力斗争和社会动荡。再者，鄂尔泰实施改土归流的地区，是民族情况和经济社会发展较为复杂的地区，地方势力又相连成片且较为强大，更增添了改土归流引发矛盾冲突的可能性。另外，从鄂尔泰改土归流的具体情况看，乌蒙土府禄万钟、镇雄土府陇庆侯等部分土司势力又外逃四川等地，一部分改流土司相关势力的处理也存在问题。更为直接的是，康熙末期吏治败坏、官员贪腐，雍正皇帝登基后虽然注意对其加以整顿，但在边疆地区仍然积重难返。如昭通镇总兵刘起元、大关厅通判刘镇宝、镇沅府知府刘洪度等,肆意压榨盘剥新改土归流地区各民族,致使一些地区"远近居民皆无生之气,有死之心"①。这些原因,最终导致了鄂尔泰改土归流后,大好形势下其实暗流涌动、危机四伏,反对改土归流的斗争一触即发。

改土归流后,各族的反抗活动始自镇沅府。该府于雍正四年六月废除土知府刀瀚,以原威远厅同知刘洪度署理知府,实施改土归流。因为刘洪度到任后"编粮苛刻",纵家人"勒索银钱",雍正六年正月十七日(1728年2月26日),刀如珍率"夷㑽"(今傣族、拉祜族)数百人深夜围困知府署,捕杀刘洪度等官役。鄂尔泰闻讯后,派元江协副将张应宗率兵前往镇压。原土知府刀瀚的母亲及刀如珍等受降,事态被平复。

在云南反对改土归流的斗争中,今滇东北的反抗规模较大,冲突和伤亡也较为惊人。反抗始于米贴,以乌蒙、镇雄、东川等地大规模的反抗活动为高。

米贴,即今昭通市永善县。此地原本地头人禄永孝统治。在乌蒙府改土归流时,鄂尔泰已将禄永孝革职查办,监禁起来。雍正六年二月初一日(1728年3月11日),为防止禄永孝的妻子陆氏聚集力量造反,鄂尔泰派郭寿域带兵300名,前往米贴擒拿陆氏。陆氏逃往金沙江对面的四川沙骂一带,联合2000余人反抗。郭寿域中箭身亡,所带300名官兵中有112名被杀。

---

① 倪蜕:《云南事略》。

鄂尔泰闻报后非常震惊，委派鹤丽镇总兵张耀祖、哈元生、孙士魁等，率绿营兵2200余人，加上土兵1000多人，前往围剿。四月初一日（5月9日），张耀祖进抵米贴，鄂尔泰指令清兵对反抗者大加杀戮，共杀害米贴夷众1000余名，陆氏等首领被抓获遇害。至雍正六年五月下旬，米贴的反抗活动基本被平定。

数月之后，乌蒙府远在金沙江外的阿驴又发生了激烈的冲突。清军参将哈元生领兵进驻阿驴，当地土官前来犒军，被哈元生长期留在行营听用。阿驴土官的母亲怀疑哈元生扣留其子，便召集数千人将哈元生所部重重围住。哈元生率部激战两天一夜，才解除围困，双方伤亡也很大。至雍正六年十二月二十四日（1729年1月23日），聚众反抗之首被擒获，阿驴之变才最终得以平定。

雍正八年八月，规模浩大的乌蒙等地各族反改土归流活动又在云南爆发。此前，在乌蒙土府改土归流中有功的禄鼎坤，被清廷远调到河南，任归德营参将；名义上委任了官职加以重用，实际上则是调离家乡以防止其造反。八月，禄鼎坤指派他的儿子禄万福回鲁甸处置家产。八月二十六日（10月7日），禄万福聚众起事，攻陷乌蒙府城，杀死东蒙雄威镇总兵刘起元、大关通判刘镇宝等。东川府的禄良珍、禄应爵、禄天锡、禄承鼎等地方势力，以及镇雄州陇氏等，闻讯后也率众响应，滇东北改土归流后建立起来的流官统治被严重颠覆。

面对声势浩大的反抗，鄂尔泰调派云南提督张耀祖亲赴东川、乌蒙一带指挥，调动云南、贵州两省官兵一万三千名，土兵数千人，并请四川调集兵丁六七千人，分三路进攻镇压。经过三个多月的残酷清剿和杀戮，至十二月上旬，各族的反抗活动基本被平息。

改土归流后，鄂尔泰没有认真分析改土归流地区各民族的实际情况，合理地制定善后政策，在选人用人、官吏考核等方面未加特别重视，这是出现反抗活动的直接原因。更为严重的是，当镇沅、米贴的反抗活动出现后，鄂尔泰没有认真分析原因、及时调整政策和部署、有效预防矛盾冲突的再次发生；反而错误地认为云南、贵州、四川、广西等省的苗族、瑶族、彝族、壮族等族虽然强弱不一，但其"暴虐凶顽，若生天性"，天生就是要反抗朝廷的民族，应该加以严厉的惩处。当乌蒙（昭通）等地彝族、苗族大规模的反抗活动导致清军伤亡后，鄂尔泰非常后悔此前在这一地区改土归流时采取了"计取"的和平方式，没有对彝族人民"大加惩创"，才酿成了该地区的反抗活动。因此，他坚决主张对"犷悍横恣""流毒最久"的乌蒙等地彝族、苗族等族，应该痛加斩杀，以尽根株。他不但奏请雍帝表示愿意辞去云贵广西总督之职，以提督身份"将兵讨贼雪愤"①，而且还在雍正八年十二月十七日（1730年1月24日）的《奏为钦奉上谕事》②的奏疏中，较明确地提出了对各反抗的少数民族进行严厉处置的办法：在乌蒙

---

① 赵尔巽等纂《清史稿》卷五百一十四《云南土司传》。
② 见《世宗宪皇帝朱批谕旨》卷一百二十五之十六，文渊阁四库全书。

府,对于首先挑起反抗活动的"禄酋族姓",必须尽数杀戮;"逆目恶党"必须完全铲除;就是他们的所有家口,也要全部奖赏给兵丁。即使不便分赏的亲属,也要把他们远远地迁往东北宁古塔一带。对于一部分安置于本地的反抗之人,则要"剁去右手,割去脚筋"。对于在东川府(今会泽县、巧家县)的苗族和彝族,造反的酋长头人务必"严剿穷搜,或诛或遣,不留一孽"。在进剿过程中,对各族建盖于"扼要关隘及深密箐林"的房屋,为防备埋伏,在搜索擒拿反抗之人时,不问房内的具体情况,可采用火攻的方式;而在事后为防止各族重新聚集,也要将这类房屋焚毁。

  如此残酷的镇压和杀戮,使反对改土归流的地区各族人民付出了沉重的代价。仅乌蒙、镇雄、东川一带,据鄂尔泰的奏报,"逆首逆党及附从凶倮"前后临阵杀伤并滚崖投江自杀自尽的,多达一万余人;"擒获搜获讯明枭示及剁去右手者",达到了数千人;被分赏给参与行动的有功官兵的"所获倮贼男妇",也达到了数千人。[①] 本来是顺应历史潮流、有利于社会进步的改土归流,终因鄂尔泰善后不当,大肆杀戮,最终竟然让彝族苗族等族人民付出了沉重的生命财产代价。

[①] 鄂尔泰:《奏为逆首全获各路荡平事》,雍正九年正月二十八日奏,《世宗宪皇帝朱批谕旨》卷一百二十五之十七,文渊阁四库全书。

布设营汛，铁血善后

改土归流的过程中，尤其是在发生武力反抗改土归流的地区，鄂尔泰非常重视派驻绿营兵，布设营汛，以武力保障流官的统治。乌蒙府、东川府和镇雄州是族类复杂、反抗改土归流较激烈的地区，鄂尔泰在这一地区的兵力部署也较重。经鄂尔泰筹措并上奏雍正皇帝批准，清政府于雍正五年（1727年）设乌蒙镇，辖中、左、右三营。雍正六年，改为东蒙雄威镇，仍辖三营，统兵3300名。雍正九年，改为昭通雄威镇，辖中、左、右、前、后五营，所统辖绿营官兵增加到4400名。此外，早在雍正四年，鄂尔泰就设立了东川营，统辖绿营官兵1200名；同年，设镇雄营，也统兵1200名。雍正八年，镇雄营增兵200名，所辖官兵数增加到1400名。这样，这一地区形成了以昭东雄威镇统辖中、左、右、前、后五营，兼辖东川营、镇雄营两营，官兵总数高达7000名。这些绿营兵，被分派于各地，拓展和深化清政府的统治范围。如昭东雄威镇所辖五营，除1239名集中驻扎在乌蒙府城、存城镇守外，其余3161名被分别派往诸仙背、龙硐山、查拿河、凉山、苦著、切黑苏甲、黑鲁机、初勒台、鲁甸、火德红、大黑山、大关、免勒、豆沙关、滥田坝、滩头、永善县城、米贴、吞都、会溪隘、副官村、铁锅寨等地，设立汛防，分区控制各地。东川营除530名集中驻防东川府城会泽城外，其余 670 名兵丁被派往巧家汛、五竜汛、者海汛、则补、弩革、老吾老等地设汛，分防各汛区。镇雄营除 770 名官兵驻守镇雄城外，也有 430 名官兵在彝良、吼西、长官司、回龙溪、二龙抢宝山等地设汛，分守各地。

除在滇东北设一镇二营外，在与之毗邻的贵州威宁（乌撒）也设威宁营。又考虑到寻甸是连接昆明与东川、乌蒙的"咽喉要地"，鄂尔泰在雍正九年拨督标兵丁 800 名、抚标兵丁 200 名，组建奇兵营，由云贵总督直辖，除防守寻甸城外，主要是分防大水塘、功山、秧田冲等昆明到昭通的道路沿线，形成良好的控制滇东北改土归流之区的外部条件。

在滇南地区，清政府在顺治十七年（1660 年），由元江协派出 50 名绿营兵分防普洱一带，力量极其微弱。雍正二年（1724 年），在平定了新平县鲁魁山各派势力的纷争后，云贵总督高其倬设立普威营，统兵丁 1200 名，分别驻扎普洱和茶山。改土归流后，鄂尔泰于雍正七年上《请添设普洱流官营制疏》，获雍正帝批准，于是将普威营升格为元普沅威镇，驻普洱府，统辖中、左、右三营，兼辖元江营，共计统兵 3200 名。除 600 名官兵集中驻扎在普洱府治宁洱县支外，其余官兵被分派到威远、镇沅、攸乐、思茅、等阁、通关哨、整董、抱母井、猛旺、三圈、恩乐县三家坡、慢林、倚邦、猛乌、慢颗、猛养等地驻守。

最终在这一地区形成了有史以来最强的军事控制局

面，给改土归流后这一地区的政治、经济、文化统治提供了强有力的保障。

除了对以上改土归流地区派驻绿营兵驻守外，鄂尔泰还对由西藏划归云南管辖的迪庆地区设置流官，派驻绿营官兵。今迪庆藏族自治州的中甸、维西等地处滇川藏交界，不但是"通藏咽喉"①，而且是云南西北部的"藩篱"，有"控扼炉藏，制驭蒙番"的作用，是唐宋以来历代王朝和各派地方势力防御西藏及其以北蒙古势力向西南扩张的"极边要地"，也是保障川滇内庭稳定的门户。在鄂尔泰督理云南以前，经抚远大将军年羹尧、云贵总督高其倬、川陕总督岳钟琪等商议和奏请，清政府决定将中甸、维西等地划归云南。雍正五年（1727年），川滇两省"以红石崖为分址，凡江外中甸、江内其宗、喇普、阿墩子等地方，俱还滇辖"。②疆界落实后，鄂尔泰在划归之地设维西厅和中甸厅，使隶属于鹤庆府，并于雍正五年四月，"移云南鹤庆府通判驻维西，添设剑川州判一员驻中甸区"。派驻流官后，鄂尔泰在当年即向雍正帝上《请添设维西营制疏》，请求在"天气和畅，又接鹤丽镇剑川协之汛防"的维西一带"建立大营"。雍正六年（1728年），维西营建成，辖绿营兵1000名，其中400名驻扎维西城，其余600名分别派驻中甸、其宗、喇普、阿墩子、浪沧江、

---

① 张允随：《为请留熟悉夷情之员以收督标之事效折》，乾隆八年十二月二十四日奏。
② 见《滇云历年传》卷十二。

奔子栏、格咱等地。以上三个地区，在明代并没有设立卫所，开展军屯。因此，鄂尔泰等在这些地区派驻的绿营兵，是有史以来内地王朝的军事力量制度化地长期驻防的开端。粗略统计一下，驻防三个地区的绿营官兵数量达到了11200人，占全省绿营兵总数48300人的23%。其中，驻防滇东北地区的绿营官兵高达7000人，占这一时期云南绿营兵总数的14.5%，其驻兵数量和份额甚至超过了会城昆明，居云南全省之首。数量众多的绿营兵对这些地区的广泛分防，是改土归流后进入的又一种国家力量，不但维护了流官的统治，也极大地扩展和强化了王朝对西南边疆的统治。

亦功亦罪，纷讼千秋

鄂尔泰担任云贵总督以来，能够细心体察边疆局势，顺应边疆稳定和发展的需要，力主在西南地区进行改土归流，最终坚定了雍正皇帝实施改土归流的决心。在改土归流中悉心筹措、合理推进，顺利完成了雍正年间西南地区的改土归流活动，并在改土归流地区派驻绿营官兵、设置营汛分防各地，稳定了改土归流后的西南边疆局势。经过这些努力，消除了这些地区政治制度与内地的差异，促进了各地经济社会的发展；对川滇黔联结地带的改土归流，消除了长期以来内地与西南边疆联系上的障碍，强化了云南与内地的整体联系。而滇东北、滇南、滇西北流官统治确立后,绿营官兵的进驻和分防,又使清王朝的政治、军事统治力量向云南边疆地区的拓展和深入取得了历史性的突破,是西南边疆治理和发展进程中的重要里程碑。

当然,鄂尔泰对改土归流地区各族反抗活动实施的大范围残酷镇压活动,对各族生命财产带来了巨大损害,对各地社会的稳定与发展造成严重的危害,是鄂尔泰西南改土归流活动中的一大罪恶。

继承与创新：发展云南经济，迈向盛世

康熙二十年（1681年），清朝平定了"三藩之乱"，云南地方统治制度恢复；云南最终结束了明末以来的战乱与纷争，走上了经济社会持续发展的道路。经蔡毓荣、范承勋、王继文、高其倬等督抚大员的努力，云南各项经济社会发展的政策、制度相继建立或恢复，社会经济获得了初步的恢复和发展。鄂尔泰担任云贵总督以后，秉承雍正皇帝的改革思想，结合当时云南社会的实际情况，从农业、矿冶业、商业、财政诸方面，对云南经济社会发展的政策和措施有所继承，有所发展，推动了云南经济的持续发展，使经济发展滞后、民族情况复杂又历经战乱的云南边疆地区，加快了迈向盛世的脚步。

大力垦荒，清理田亩

田地是发展农业生产的基础。清王朝在顺治十六年（1659年）平定云南以后，在两年后就颁布了垦复荒芜田地的政策，规定此前抗清的大西军及云南各族如投诚后愿意"归农"，可以拨给无主荒田开垦为业。此外，对有主荒田令本主开垦，无主荒田则招民开垦。康熙时期，还对明朝世代镇守云南的沐氏所据有的勋庄，以及清初平西王吴三桂的官庄，"变价"甚至无偿转让给耕种者所有。这些政策措施，将地权向小农开放，对长期战乱后的云南荒芜田地的恢复垦种，确实起到了积极作用。但是这一时期，政府扶持鼓励垦荒的力度却长期得不到提升，如：对承垦的荒田，"久荒者"按照第一年免征，第二年半征，第三年即全额征缴的政策收缴田赋；"新荒者"，按照第一年半征，第二年全额征缴的政策收缴田赋。这样的荒闲田地田赋减免力度，一定程度上限制了耕垦者的能力和积极性。

雍正元年（1723年），雍正皇帝谕令全国垦辟荒芜田地，"水田六年起科，旱田十年起科"，免征新辟田地的赋税年限较顺治、康熙时期有了极大的延展。在这样的形势下，不久后督理云贵的鄂尔泰鉴于云南、贵州"旷土尤多"，荒芜田地亟待开垦的状况，认为"惟垦荒之法，系民生第一要务"，积极督促各级官员组织民众开垦土地。

自雍正四年（1726年）二月到达昆明，以云南巡抚署理云贵总督后，鄂尔泰即命令云南、贵州各级官员"劝民开垦"，凡接见下属官员时都"谆谆告诫，务期留心查劝，实力奉行"。进而，鄂尔泰等还制定了督促开垦田地的具体办法：地方官招集民户开垦及官生捐垦，垦熟的田地归开垦民户所有，从次年开始征收田赋；民户自行开垦，田地也归民户所有，按照水田在成熟后六年、旱田在成熟后十年的规定收缴田赋；招集民户开垦的官员，按照招集民户数量的多少，给予"议叙"；军民自备"工本"（开垦费用）前往开垦的，则按照开垦的数量多少，给予"议叙"；政府还向无力开垦的民户提供开垦"工本"，待田地成熟六年后才扣还所借"工本"。这样，从中央到地方，在垦荒田地的田赋免纳年限、垦荒的组织、保障等方面，都远超此前各时期，极大地调动了军民的开垦热情。

此外，鄂尔泰还在一些地区推行了更加特殊的优惠开垦的政策。如在丽江一带，鄂尔泰经过查勘，定出了各里土地开垦的轻重顺序：以阿那湾为第一，刺是坝为第二，吴烈里为第三，桥头、茨柯、河西、阿喜、树苗、托丁、南山等处也都可以开垦。另外，又针对当地的"摩梭"（今纳西族）等族不熟悉耕垦之法，当地气候又比较苦寒的实际情况，严令丽江府知府元展成等立即招民开垦，并请人传授"作粪拌灰"之法以巩固垦荒成果，取得了良好的效果，被推广到省内其他地区。

在东川府（今会泽、巧家二县及昆明东川区），鄂尔泰重点推动土地平坦、土壤肥沃的会泽县蔓河、者海二地的开垦。他带头捐出三千两白银，购买水牛100头，建盖房屋600间，招徕民户前往开垦。另外，又适量配给垦户牛种、半年的食米之费。对于从其他州县前来开垦的民户，还提供旅途"盘费"，资助其搬运行李。在鄂尔泰的鼓励下，400多民户前往两地开垦。巡抚杨名时等各级官员也纷纷效仿，捐出银两以资开垦，获得了一万多两白银的捐助，有力地推动了东川府的荒芜田地开垦。

再者，鄂尔泰特别关注的垦荒之地是昭通府。因为改土归流后清军的残酷镇压，彝族苗族等族民户大量逃亡，人烟稀少，土地荒芜极其严重。反抗平息后各级流官及7000余名绿营官兵的进驻，使该地区的粮食供给极其紧张，土地的开垦更为急迫。鄂尔泰也意识到，这一地区"商贾不来，米粮甚贵，念地方新定，一切布置皆以食为先"，必须尽快开垦荒芜田地。因此，鄂尔泰命令昭通府知府、昭东雄威镇总兵等官员一方面要尽力安置本地居民，使其恢复耕垦，另一方面要努力招徕远方之农商前往开垦生产。结果，经过招抚安置，前后有数万民户前往昭通。鄂尔泰令相关官员，对这些民户"分寨给田"，并提供粮食、牛种，督促率领他们耕种。为保障开荒垦种能够持续开展，鄂尔泰还下令其他州县，购买粮食到昭通府，减价出售，以平抑粮价。针对昭通府山高低温的情况，鄂尔泰还委派专员购买荞种数百石，在大关坝等处"凡属隙地皆令犁种，以资秋冬民食"。为了确保该地区垦荒活动能切实开展，鄂尔泰还于雍正九年（1731年）六月初委派粮储道道员黄士杰前往昭通、东川，"遍行查勘督催料理"。最终，昭通府的稻田坝、八仙海等处以及鲁甸各寨的禾苗非常茂盛，各处荞苗也很硕大，垦荒效果非常好。

鄂尔泰对云南垦荒活动的重视、鼓励和组织安排，推动了云南各地荒芜田地的垦殖。在昆明、罗次（今属禄丰县）、寻甸、河阳（今澄江县）、弥勒、云南（今祥云县）、腾越（今腾冲县）等州县，广南（今广南、富宁县一带）、蒙化（今巍山县）二府，到雍正五年（1727年）时，即陆续申报劝垦过民赋荒旱田地（即垦复后已经开始纳赋的田地）共4753亩，罗次、云南、定边（今南涧县）三县垦复屯官马料荒旱田地1382亩。需要注意的是，这时的垦荒活动已经扩展到了边地少数民族区域。雍正六年（1728年）八月癸未，鄂尔泰就奏报镇沅府（今镇源县）开垦"彝田"四百三十顷。雍正八年（1730年）五月甲申鄂尔泰又疏报云南东北部改土归流不久的永善县开垦本年分田地六十四顷有奇。

除了鼓励和组织垦辟田地以外，鄂尔泰还注意清理登记各种被隐匿的耕地。据鄂尔泰在雍正五年（1727年）八月初十日所上《奏为报明开垦田地并查出隐射田土仰祈睿鉴事》称，在雍正五年时即清理出云南各地被隐匿的抵补军丁民赋田地、欺隐抵补军丁屯官马料田地、影射田地、沐庄隐垦田、隐匿叛产田、自首屯田、旱马厂地等隐占熟田，所有劝令开垦查出影射田地共138000多亩。各种隐匿田地清出后,清政府将其登记入册,承担赋税,既保证了地方政府的财税收入,又相对减轻了其他民户的赋税承担量,有利于社会经济的正常运转。

经过新垦和清理田亩,鄂尔泰任职期间云南省的耕地面积有了可观的增长。据道光《云南通志·食货志》"田赋一"记载,在鄂尔泰任职云南前的雍正二年(1724年),总计云南田土64114.95顷,而在鄂尔泰离职云南以后的雍正十年(1732年),云南全省成熟民沐田地79732.72顷,后者较前者增加15617.77顷,增长了24%。虽然,两个年份的云南田土数据并不能完全等同于当时的耕地实有量,增长的耕地数也并非仅仅是鄂尔泰个人作用的结果,但以此为参照,我们还是可以得出这样的认识:经鄂尔泰等官员在恢复和新开荒芜田地、清理各类隐匿田地诸方面的努力,云南农业发展的重要基础——耕地面积增加取得了更大的成就。

"以水利为第一要务":
制度与水利工程建设两翼齐飞

鄂尔泰对水利问题可谓情有独钟,也颇有建树。当鄂尔泰被雍正帝赏识重用,由宫中侍卫被提拔为江苏布政使时他就很重视水利,经过深入调研、思考,对江苏水利状况、拟兴水利项目、经费筹措、各项目的缓急次序等提出了较为全面、具体的方案,并向雍正帝上《奏为敬陈水利以备采择事》；虽然因为调任云南巡抚，这一方案没有得以实施，但还是很好地体现出鄂尔泰在水利方面的见识和才干。到云南任职后，鄂尔泰意识到，云南多山，田少地多，本来就应该发展水利，再加上经济底子薄弱，缺乏积贮，自身应对水旱灾害能力较弱，交通又不通畅，不通舟车，每遇灾荒，很难从其他省区以贸易等方式获得资助，最终造成粮价上涨，民不聊生，社会动荡。因此，提出"地方水利为第一要务，兴废攸系民生，修浚并关国计"，水利"在滇南尤为要务"。基于这样的认识，鄂尔泰不仅注重自身对云南自然与水利情况的考察，而且到任伊始，"即详饬通查，令凡有水利毋得漠视"，命令云南各地方官全面查看各地水利情况，不可漠视、遗漏一项水利问题。至雍正九年离任回京，鄂尔泰仍然在关注着云南的水利问题。经实地勘察走访，查阅相关记载和地图，鄂尔泰对云南各地水利情况形成了自己的看法，并提出了兴修或改善云南水利的许多方案或建议，也对一些已经完成的水利项目进行了总结和呈报，以奏折的方式上呈雍正皇帝。比较重要的有《奏为奏明事》（雍正七年二月二十四日）、《奏为新开水道并兴修陆路事》（雍正七年六月十八日）、《兴修水利疏》（即《为全滇水利已未兴修汇叙陈明仰祈睿鉴事》，作于雍正九年）、《奏为开凿河道以利民生事》（雍正八年五月二十六）、《奏为遵旨酌覆事》（雍正八年四月二十日）、《奏为海口兴工神龙示现事》（雍正八年三月二十六日）、《为报明修浚海口大修六河并请定章程酌留需费以兴水利以济民生事》（也作《修浚海口六河疏》）。在《兴修水利疏》中，鄂尔泰最早做出的对云南的水利状况的系统阐述，总结了入滇任职6年来水利工程的开展情况，已经"次第举行""兴修已竣"的水利工程，鄂尔泰估计占水利工程总数的一半，"已修未竣、已竣未妥、并应修未修"的水利工程，鄂尔泰认为仍占云南水利工程的一半。而《修浚海口六河疏》为鄂尔泰在雍正十年离任云贵总督前所奏，较翔实地记述了滇池海口水利工程、昆明坝子六河水利工程、临安建水水利工程方案的制订和组织实施情况，以及工程经费、维修费用的来源与开支等方面的情况。这些以水利为主题的奏疏，构成了《鄂尔泰奏折》中数量较多的一类，充分反映出水利在鄂尔泰的工作与业绩中占有极其重要的地位，为后世的水利工作留下了智慧和遗产，也为我们今天研究清代雍正年间水利的发展历史提供了珍贵的资料。

鄂尔泰对云南水利所做出的贡献总体上看有如下方面：最为重要的是他在云南形成了强大的开展水利建设的领导能力；同时，建立并完善了切实可行的水利建设运作机制，随后又响应朝廷之命，积极在云南推行水利兼衔制度；妥善解决了兴修水利的经费问题，为云南各级各项水利项目的实施提供了可能性；亲自勘察谋划，直接推动了很多水利项目的兴修。下面，依次述其大概。

第一，鄂尔泰在充分认识到云南水利重要性的基础上，以超常的魄力，树立起云南水利工程建设的核心。鄂尔泰多次表示，他"自受事以后，即檄行各属，凡有河道俱查明详报"，"详饬通查，令凡有水利，毋得漠视"，形成"筹水利莫急于滇"，水利为云南第一要务，各级官员必须详细了解所属水利情况，切实开展水利建设的态势和氛围。在水利工程建设中，鄂尔泰也严格要求"各属员役不敢怠忽从事"，大小官吏"亦不致因循，并无可诿卸"。对于兴修水利所用之费，鄂尔泰要求专理官员根据方案切实核算，合理使用，如有官员"敢或借端侵冒，及苟且塞责者。立即揭参"①，严厉究治。对于一些不合理的阻挠水利工程的行为，鄂尔泰在晓谕劝说无效的情况下，也以强力解决。如在嵩明县嘉丽泽水利工程的修建中，此前云贵总督高其倬即因开挖河道影响到一些民户的田地，而因该地"衿棍阻挠"而告终止。雍正六年（1728年）正月，工程再兴，48村里民都积极拥护，情愿帮工，但龙喜村的官华等人仍妄行抗阻，经明白晓谕无效后，鄂尔泰"批饬"将为首的官华、杨国英两人"枷示河干"（上枷后押至河中示众），限完工日释放，工程得以顺利进行，几个月后就告完成。就这样，鄂尔泰利用封疆大臣的特权，逐渐在云南的施政导向及具体水利工程的各环节中起到决定性作用，奠定了云南水利发展的良好基础。

第二，形成了在云南发展水利的良好机制，完成了水利兼衔制度在云南的布设和实施。关于兴修水利的机构与

---

① 鄂尔泰：《兴修水利疏》，见雍正《云南通志》卷二十九之六。

机制，中国古代长期以来重视中央机构的设立与完善，早在秦汉时期中央机构中即有司空、水衡都尉、都水官等水利职司，掌管全国水利。唐代以后，以六部为中央主要办事机构，六部中工部下属的水部成为掌管全国重大水利的出口创职司。明清时期，又以六部中工部之下的都水清吏司"掌水利、河防、桥道舟车、券契量衡之事"①。在地方上，水利职司长期付诸阙如，直到明清时期才设总河、副总河，专事督理黄河、运河、淮河事务，设江南河道总督，河南、山东河道总督专管以上诸河事务。其他省区，仍然较笼统地以各级地方官执掌水利事务。

鄂尔泰担任云南巡抚，代理云贵总督事之初，清朝的水利机构仍然沿袭传统之制。在这一时期，鄂尔泰主要采取督促云南各府州县官员详察所辖区域的水利情况，呈报应兴修的水利项目，云南布政司、云南粮驿道等职司再察考核定拟兴修之水利工程；鄂尔泰亦常常"博采舆论，合看绘图"②，仔细研究，甚至"亲往相度地势"，亲临实地勘察，以竹竿试探水之深浅，对水利工程的定夺发挥关键性作用。一旦拟兴修的水利项目确定后，则"遴委河员"或"委员专理"，即挑选能干官员委任为专办水利工程之员，由他们会同水利所在地方的长官查勘水利情形，拟订兴修方案，估计所需人工和费用，报请道员、布政司乃至督抚批准施行，督抚往往又将水利兴修方案单独或汇总呈

---

① 《清朝文献通考》卷八十一《职官考五》工部条。
② 鄂尔泰：《兴修水利疏》，见雍正《云南通志》卷二十九之六。

报工部和皇帝批准。在这时期,鄂尔泰督令各府州县负责水利的,往往是知府、知州、县令等相关政区总揽全局的长官,而所委专办各水利工程之员,也往往是地方长官,很多时候还任命其他州县之长官为办理水利的专员。在这一时期,鄂尔泰虽然重视水利工作,并以其声威推动了云南水利的初步发展,但是省级机构以下的各级行政区划,到底由谁来专理水利事宜,水利如何长期有序推进,并无政策和制度来加以规范约束,不利于水利的整治和发展。

雍正五年(1727年)以后,清朝在全国逐渐推行水利兼衔制度,即经督抚等官奏请、吏部议复、皇帝谕准,委任有水利的守巡道、粮守道(也称驿盐粮守道、粮驿道等)之道员,各府、厅的同知、通判,各州的州同、州判,各县的县丞、主簿等佐贰官,以及少数地区的典史、驿丞、巡检司巡检等官员,兼水利衔,并由工部铸制颁发给借以行使权力的水利关防、钤记、印信。水利兼衔使相关官员职掌中的水利职能独立并凸显出来,各道道员还以水利职掌为最主要的职能,从而推动了清代水利由过去的重点项目建设向各地方项目普遍发展的转化。

朝廷水利兼衔的形成与实施,与鄂尔泰发展云南水利的努力相契合,鄂尔泰遂及时地予以贯彻实施。在雍正八年五月二十六日(1730年7月10日)所上《奏为开凿河道以利民生事》①的奏疏中,鄂尔泰初步提出了在云南实

---

① 见《雍正朱批谕旨》卷一百二十五之十四,文渊阁四库全书本。

施水利兼衔的方案：云南拟给予水利兼衔的官员包括有水利事务区域的道员、厅员、佐杂官员；兼水利衔的官员，其主要职责是总理、分理各所属地区的水利，酌情留给每年所需水利兴修银两；兼水利衔的官员需要根据水利工作开展的情况，分定勤惰，给予考成，按季报、月报的相关规定，形成详细报告；总督、巡抚、布政司仍然需要将重要河道等水利工程分派给相关的兼水利衔官员，命令他们经常勘修，形成总管之外又各有专责的管理制度；水利兼衔的目的是建立对兼衔官员的监督和督促，使其不敢怠忽从事，也不致因循、无可推诿，推动水利切实发展。

第三，鄂尔泰又在其离任云贵总督前最后一份有关水利的奏疏《修浚海口六河疏》[①]中，进一步提出了落实和推进在云南实施水利兼衔制度的方案，上奏朝廷请求批准：已经设置的云南府水利同知，对昆明海口、六河，以及府内各河流的巡查浚修，都负有责任，请求铸给关防，并重视对其进行考核，勤则奖叙，惰则参罚；昆阳州为昆明下游海口所在地，距省会百里，驻省城昆明的云南府水利同知难以对其实施有效兼管，因此请求在昆阳州添设水利州同1员，驻扎海口，经常行巡察看，遇有河道壅塞，则对其进行疏通，如果河道被冲塌，则应该立即堵筑，亦请求铸给关防，按照定例配设书役，以专责成。此外，云南全省各府州县，都有水利事宜需要办理，但此前尚

---

① 详见雍正《云南通志》卷二十九之六。

未委任兼水利衔的官员，致使诿卸因循、托词借口的现象经常出现，因此请求将各府的同知、通判，各州的州同、州判，以及经历、吏目等佐贰官员，各县的县丞、典史等官，都加以水利职衔，凡辖境内的河道、沟渠，责令专理。除云南一府兼水利衔的官员仍归云南粮储道管辖外，其余各府州县兼水利衔的官员，分别归所属的迤东道、迤西道管辖。在兼水利衔官员的考核中，水利职责首当其冲必须加以考察的内容，从考核体制上讲，先由各府知府对府属兼水利衔官员的水利工作进行查勘核验，再上报所属之道的道员，道员考察核实后，再报总督、巡抚，最终确定考核结果及奖惩。这份奏疏，形成了一个较完整详备的在云南全省实施水利兼衔的方案，往朝廷报呈后，根据《清实录·世宗实录》卷一百一十七的记载，雍正十年四月辛丑（1732年5月8日），工部议复"均应如所请"，同意了鄂尔泰的方案。雍正皇帝的最终定夺也是"从之"。乾隆元年（1736年）成书的《云南通志》也在书前的《凡例》中记载云南"今且设官专理，迤东、西两监司及州县佐治官各兼管水利，诚百世永赖也"，说明在志书修成时，云南全省的水利兼衔已经落实。因此，可以肯定鄂尔泰在离任云贵广西总督前，已较彻底地完成了云南水利兼衔制度工作。这应该是鄂尔泰在云南完成的最后一项有实际意义的工作。从全国的情况看，水利兼衔之制最早在雍正五年在江南苏州、松江等府实施，其后在各省区逐渐推广开来，但实施的高峰期是乾隆时期，尤其是乾隆二十二年（1757年），吏部和乾隆皇帝批准河南布政使刘慥的奏请，将各省的守道和巡道、同知、通判等官，"概兼水利"。① 至此，水利兼衔制度才在全国获得了普遍的推广。因此，在全国各地实施水利兼衔制度的历史进程中，鄂尔泰较为重视，积极落实完善，使云南虽作为边疆省份，但在水利兼衔制度的实施和推广方面，却走在了全国的前列。

水利兼衔制度通过委任，并铸制和颁给兼水利衔的官员水利关防、钤记、印信，确立并突出水利事务在各自职掌中的首要任务，较为严格地考核其水利业绩，并进行相应的奖惩议叙。从职责上看，兼水利衔的官员必须掌握辖区内的水旱情形及水利设施状况，及时上报；必须根据水旱形势和水利设施的状况，及时疏浚或兴修水利，排除水利隐患；必须监督辖区内水利工程的兴修，保障工程钱粮的合理使用和工程质量。② 这一制度在云南全省的实施形成了以云贵总督、云南巡抚为总制，以道、府、厅、州、县各级兼水利衔的官员为专责的较为健全的水利职官体系，推动了云南的水利管理与建设，由过去的滇池、洱海等部分地区向全省各地的拓展和推进，实现了古代云南水利发展的重大转折。

第四，鄂尔泰还在水利建设与维护经费方面有所创

---

① 《清实录·高宗实录》卷五百四十九，乾隆二十二年十月丙戌条。
② 吴连才、秦树才：《清代水利兼衔研究》，《云南民族大学学报》2015年3期，第123页。

新，为发展云南水利提供了资金和物质保障。明清时期的水利建设经费，影响较大的黄河、长江及海塘治理，可由工部或地方政府"动帑"（动用国家和地方财政正项）兴修，云南的水利项目都没有达到这样的建设规格，也自然没有享受到这样的资金支持。大多数地方水利建设项目多由地方采取"捐修"（官民捐资兴建）、"借修"（政府先由财政垫支，项目完工后由水利受益者按规定期限偿还）、征募相关区域民户出力兴修等方式进行。因云南地方财政支绌，捐修、征募民户修建又难度大，所需时日较长，从而对云南水利的兴修产生了不小的制约。鄂尔泰任云贵广西总督时，其所奏陈的水利兴修方案获得了雍正帝的赞赏，并表示可动用国家财政正项给予支持。如在给鄂尔泰在雍正七年二月二十四日所奏《奏为奏明事》的朱批中，雍正皇帝称鄂尔泰所拟兴建的云南水利工作，"可谓超群拔类之办理，为从来封疆大臣未举之善政也"，其兴修经费"若有应动正项者，只管奏请，不可瞻顾竭蹶从事"[①]。但是，鄂尔泰为了快速有效地开展云南水利建设，并没有申请朝廷正项出资，而是在自己可控的范围内寻找解决资金的办法。

经权衡，鄂尔泰选择的解决云南水利建设费用的重要来源是"变价银两"。这里的变价银两并非很多人熟悉的康熙时期云南地方政府向民间出售沐氏勋庄及吴三

---

① 见《雍正朱批谕旨》卷一百二十五之十，文渊阁四库全书本。

桂官庄而获得的"官庄变价"银两,而是鄂尔泰将云南各地疏浚或兴修其他水利工程后,因河湖水面下降、改道等因而"涸出"的新增田地,出售给民户所获得的银两。鄂尔泰在《奏为开凿河道以利民生事》中,较清楚地说明了此类变价银两的获得情况。雍正七年、八年,因新开河道等因,寻甸的寻川两岸涸出田地达二万余亩,鄂尔泰将这些田亩的一半赏给出夫应役之人、各种效力士民,又设立水利头人领种部分田地;另一半令则由附近居民酌量支付银价,将其购买为自己的永久田产。① 后者所获,即鄂尔泰用于今后水利再建的"变价银两"。到雍正八年(1730年)时,这类变价银两已约有数万。鄂尔泰觉得,用这笔银两兴修水利已经很充足,不需要请动朝廷财政正项,亦不需要动用云南地方政府的财政盈余。从实际执行情况来看,滇池海口的疏浚和整治、临安府建水经八达河由剥隘通广西河路的疏通等,"所费钱粮核计不过万余金,即以开河涨出田亩变价充用"②。昆明盘龙江、金汁河、银棱河、马料河、宝象河、海源河"六河"的疏浚和治理,"共估银一万八百七十余两",经云南布政司、云南粮储水利道亲勘确核属实,所有应需银两均由鄂尔泰"于查出各项田地变价银内动用,令及时办料兴工"③。当然,征派水利相关地区的人工投入水利兴修工作,仍然

---

① 见《雍正朱批谕旨》卷一百二十五之十四,文渊阁四库全书本。
② 鄂尔泰:《奏为奏明事》,见《雍正朱批谕旨》卷一百二十五之十。
③ 鄂尔泰:《修浚海口六河疏》,见雍正《云南通志》卷二十九之六。

是雍正时期鄂尔泰解决和节省水利费用的重要渠道。为此，鄂尔泰很注意向百姓宣传水利工程的作用，以"使民欢欣不怨而急公往役"①

第五，鄂尔泰还很好地解决了部分水利工程的"岁修银两"。所谓"岁修银两"，主要指每年秋收以后的秋末和冬季，各地各级政府趁农闲组织民户对已经建成的水利设施进行维护、加固、清淤等项维护工作所需人工与物料费。一般而言，规模小、受益面窄的水利项目多由地方官员征派受益范围内的民众义务进行。规模大、耗时长的水利工程，则需由政府出资，支付参与者口粮咸菜钱和所需物料费。在雍正时期的云南，这类工程主要有三个，即昆明县"六河"、昆阳州海口和临安府"三河"水利工程，需由政府拨款岁修。经过鄂尔泰调查筹措，最终由云南盐驿道每年蓄积下来的"合秤银"（表面意思为秤头盈余积攒下的银两）1500两，拿出来充作三处水利工程的岁修银，按照昆明"六河"酌定800两，昆阳海口酌定200两，临安府"三河"酌定300两的额度分配。这三处水利工程每年所得岁修银，如果需要使用，即可按需要在额内开支，按支出报销，造册送部备查；如有的年份不需要使用，或者未完全用尽，则将其存贮下来，以备大修时使用。

第六，鄂尔泰对云南的水利问题不但重视，而且还对

---

① 鄂尔泰：《修浚海口六河疏》，见雍正《云南通志》卷二十九之六。

云南水利之事通盘考虑，按序推进，勤加督理，推动水利工程的兴建和修复，"由近及远，历日积年，务期通行成效，勿敢怠忽勿敢遗忘"，很多水利项目还亲自察访，推动了云南水利的发展。据研究统计，经鄂尔泰筹划、督促、踏勘而兴修的水利工程主要有：云南府昆阳州海口水利工程，昆明县"六河"水利工程、松花坝水利工程，嵩明州杨林海（嘉丽泽）水利工程、郎宽河水利工程，宜良县新渠（包含5条）水利工程，寻甸州寻川、马龙河水利工程，禄劝州马家庄等处开渠引灌工程，临安府建水州泸江水利工程、南庄引灌工程，蒙自县学海引灌工程，阿迷州（今开远市）至剥隘水陆路工程，澄江府河阳县（今澄江县）抚仙湖海口水利工程，大理府洱海出海口疏浚工程、浪穹县（今洱源县）三江口水利工程、凤羽河疏浚引灌工程，云南县（今祥云县）团山坝修复工程，楚雄府镇南州（今南华县）千家坝水利工程，东川府会泽县蔓海水利工程，宣威州双龙山戈山等地开渠引水工程，永昌府城外南北两河疏滩引灌工程等。这些水利工程，产生了很好的社会效果，不但解除或缓解了水旱状况，而且还形成了很多良田。如嵩明州杨林海水利工程于雍正六年春完成后，"从此田亩岁收"，而且还"涸出田地一万余亩"；寻甸州寻川河水利工程于雍正八年竣工后，"涸出田地二万余亩"。

除了推动以上水利工程的兴修外，鄂尔泰对云南水利的重视和促进，还促进了各地方对水利的发展，通过对江河湖泉等自然水资源的整治和利用，堤闸塘堰的普遍修建，云南形成了古代历史上水利建设的较大飞跃。据统计，康熙二十九年（1690年），云南全省共有水利工程233处，而鄂尔泰离后的雍正十二年（1734年）全省水利工程达到了1045项，增多了812项，增长了348%。而在雍正年间以后，云南的水利工程数虽然仍在发展，但增长幅度却大为放缓，如道光十五年（1835年）为1067项，仅比雍正十二年增加了22项，仅增长了2%；光绪十七年（1891年）为1296项，达到了发展峰值，却只比道光十五年（1835年）增长了229项，只增长了21%。因此，雍正年间云南的水利工程数达到了一个历史的新高，而其较康熙二十九年（1690年）形成的水利工程数的增长率甚至可以说是云南古代历史上最高的。固然，雍正十二年（1734年）云南水利在古代社会登峰造极的增长率固然与康熙二十九年以后云南水利的发展和积累有关，发展情形的造就也主要是云南各族人民辛勤劳动的结果，但也离不开鄂尔泰等云南地方官员的重视、努力以及所贯彻落实的水利管理制度的变革。

推动文教发展,提升云南文化影响力

鄂尔泰认为,新改土归流地区各族,往往"不知官法,不闻教化,故得肆意恣行",无法按照封建纲常和伦理道德约束自己的行为,对流官统治形成了障碍。因此,为了从深层次营造巩固王朝统治的思想文化基础,以鄂尔泰为首的云南地方官员很注意在新设流官的各府州县建立儒学。

鄂尔泰的文化根基与文化优势

鄂尔泰的满族身份、禁宫侍卫出身,以及在西南地区强力推进改土归流的业绩,极容易给人留下以勇武为特点的封疆大吏形象,这确属他人生的一个重要方面。因此之故,学术界很少有人探讨鄂尔泰的文化修养及对西南的文化发展的作为和影响,形成了对鄂尔泰不小的认知偏差。

事实上,鄂尔泰成长、历练的康熙中后期,已是天下承平、满汉交融的历史时期。因此,鄂尔泰在京城较好地接受了由私塾到儒学的教育,取得了较好的学习成绩,并于康熙三十八年(1699年)以顺天府乡试第十名的好成绩考中了举人。离任云贵广西总督后,鄂尔泰权位日益提高,被拜为保和殿大学士,兼兵部尚书、军机大臣,充领侍卫内大臣、议政大臣等职。相应地,鄂尔泰的文化影响力也达到了极致,在乾隆初期多次主持会试,充经筵讲官、太保、太傅。雍正十一年十月甲寅,鄂尔泰被任命为四朝国史馆(编修清朝太祖努尔哈赤、太宗皇太极、世祖福临、圣祖玄烨四朝国史)、八旗志书馆总裁官。雍正十二年十一月,清廷令重加校对清朝《满洲实录》《太宗实录》《圣祖实录》,大学士鄂尔泰与张廷玉等被任命为总裁官。雍正十三年乙卯正月甲午,被任命为文颖馆总裁官。乾隆皇帝即位后,于雍正十三年十月即由总理事务王大臣等商议纂修雍正帝世宗实录开馆事宜,结果乾隆帝下旨委任鄂尔泰为监修总裁官,为世宗实录纂修的第一负责人,其位次在大学士张廷玉等总裁官之上。乾隆元年正月,乾隆帝下令纂修玉牒(清皇室族谱),以大学士鄂尔泰、张廷玉等充任总裁。六月,乾隆帝下令纂修礼书,以鄂尔泰为"三礼馆"总裁。其后,鄂尔泰还担任了农书修纂总裁官、纂修明纪纲目总裁官,大凡乾隆初年的文献典籍纂修,鄂尔泰都是位列第一的负责人。直到去世前的乾隆十年(1745年),鄂尔泰还被委任为太傅,卒后又被追谥文端。正是以如此显赫的政治地位和文化声望为基础,鄂尔泰对云南文化的发展发挥了独特而重要的推动作用,不但在担任云南巡抚、云贵总督、云贵广西总督时,对云南儒学与文化的发展直接起到了推动作用,而且在离任云南后,也为云南文化软实力的提升做出了难以替代的贡献。

推动云南儒学与书院教育的发展

儒学除作为思想伦理的概念外,在元明清时其多指中央和地方所建立的以儒学教化为主的各级学校。按规制建有孔庙、明伦堂等门宇殿堂及校舍的,又称为学宫或者庙学。云南省成体制的儒学教育,应当始于元朝至元十三年(1276年)。作为云南行省的建立者和首任云南平章政事,赛典赤·瞻思丁在中庆路(约今昆明市)等地建立庙学，之后路府、州、县学逐渐在云南腹里地区建立。明代继续在靠内地区发展府州县学，并建立卫学。清初在顺治十六年（1659年）、康熙二十年（1681年）两次平定云南，包括儒学在内的统治制度也经历了初建和恢复重建，获得了发展。然而，长期以来云南的土司或土官统治区多未设儒学。鄂尔泰督理云南期间，实施了规模和范围都较大的改土归流。鄂尔泰认为，新改土归流地区各族，往往"不知官法，不闻教化，故得肆意恣行"，无法按照封建纲常和伦理道德约束自己的行为，对流官统治形成了障碍。因此，为了从深层次营造巩固王朝统治的思想文化基础，以鄂尔泰为首的云南地方官员很注意在新设流官的各府州县建立儒学。

鄂尔泰为首的云南地方政府新设儒学的地区，大致包括乌蒙府（雍正九年后改称昭通府）、东川府（今会泽县、巧家县及昆明市东川区）、镇雄州、永善县、普洱府、镇沅府、恩乐县（今镇沅县恩乐镇）等地。按照清代儒学规制，府设教授，建立府学；州设学正，建立州学；县设教谕，建立县学。府州县学，一般按中学、小学（这里的中、小学系按照学校的规模划分，并非现代的中学和小学概念）例（标准）划拨学额，为政府提供食宿和学习费的廪膳生。此外，还招收一些增广生等。各级学校不同程度地配有祭器、乐器、图书和学田等。

在设学过程中，鄂尔泰非常重视乌蒙府、东川府、普洱府等地各级学校的设立，亲自筹划并上疏提请设立这些地区的学校。如在昭通府鄂尔泰于雍正六年（1728年）向雍正帝上呈《请设乌蒙府文员疏》，认为乌蒙、镇雄一带，地方相连，千有余里，且处四川、云南、贵州交界处，系边方要地。因此，在筹措设置这一带的府州县流官统治机构，布置绿营兵营汛控制地方的同时，也同步配置文员，建学校。于乌蒙府治设教授1员，县治设教谕1员，又于镇雄州设学正1员，威信、永善各设教谕1员，"分司训迪"。各校教官都由云南巡抚亲自考验选补。而府州县学所取的文武童生，因为改流不久，难以按标准足额招选，鄂尔泰变通为昭通府暂时按照小学例各取进10名，镇雄州、永善县各取进8名，等待以后人文渐广，生员基础改善后再加额取进。在乌蒙府南部的东川府，在归由四川管辖时，即在康熙五十九年（1720年）进行了改土归流，设置流官知府，并建立了学校，但儒学教育却缺乏应有的重视，教职诸事一直由知府兼任，又以中学例各招文武生15名，在无儒学基础生源不佳的情况下，形成了招生和教育"徒滋混滥"的现象。因此，雍正四年（1726年）改归云南管辖后，鄂尔泰于次年奏请调整，添设教授1员，专司学校，每年招取文武童生暂时下调为按小学例各10名，儒学教育得以切实有效地开展起来。在云南南部的普洱府，生童从前都是前往元江府就学、考试。雍正七年（1729年），鄂尔泰上《请添设普洱流官营制疏》，包含在普洱府设府学，从元江府学调配教职训导1员专司教化，原先在元江府入学就读的生员，也拨归普洱府学，每年所取童生入学数额照小学例暂定为8名,人文渐盛之后再增扩额数。

经过鄂尔泰等的努力,以上地区开始建立了各级儒学学校,云南设立学校开展儒学教育的范围又在康熙年间的基础上有了较大的扩展。当然,由于条件所限,中甸、维西、思茅厅、大关厅、威远厅、他郎厅等新设流官地区仍然没有设立儒学。

鄂尔泰推动云南儒学发展的另一个重要内容是改善云南府昆明等地儒学教育的发展条件,提高儒学发展水平。雍正四年(1726年),鄂尔泰为云南府庙学增备祭器,这是鄂尔泰到云南担任巡抚管云贵总督事以后,给云南府儒学的一份见面礼。然而,鄂尔泰对云南儒学和文化发展推动最大的,还是恢复重建五华书院。肇始于唐代的书院,经历了元明的发展以后,逐渐由"广收图书,聚徒讲学"的一种民间学术文化研究和人才培养机构,发展为以政府主导为主,在"山长"主持下,以严格的选拔、管理和考课为特色,从事经史诗文的学习和探讨,讲求经世致用,也服务于科举的一种层次较高的人才培养与学术研讨机构。清朝初期,为抑制明末以来的反满思想和活动,清廷曾下令"不许别创书院,群聚结党",在一定程度上限制了书院的发展。直到雍正十一年(1733年),清廷才转而鼓励发展书院,命令各省在省城创立书院,各赐祭金千两作为营建费用。鄂尔泰先此一步,在雍正九年(1731年)全国书院发展解禁前即重建了五华书院,对云南乃至全国的书院建设、儒学和文化发展，均具有引领作用。

五华书院于明代嘉靖三年（1524年）即由云南巡抚王启首创，建于府治昆明城西北，曾有房屋80余间，至清初时久已荒废。因此，作为云南会城的昆明，在雍正时期仅有昆明书院一所书院，远远不能满足士子讲习之需。于是，雍正九年（1731年）鄂尔泰在五华山新建之官署旁辟建讲堂学舍，新建了五华书院，购置经史子集书籍万余卷，选士课读于其中。

对于五华书院，鄂尔泰可谓垂青扶持，非同一般，把雍正皇帝御赐的《古今图书集成》转赠书院，留下了一段佳话。在书院成立的当年八月，鄂尔泰受命"回京陛见"。次年四月，鄂尔泰被委任署理镶黄旗满洲都统，协理西北军务。鉴于鄂尔泰已经不能回云南担任云贵广西总督，雍正帝虽然仍令云贵广西事仍需呈报鄂尔泰，但还是谕令署云贵广西总督事之高其倬，将鄂尔泰家口料理进京。大概在家属离滇进京时，鄂尔泰将《古今图书集成》赠给了五华书院。这套书的赠送，在当时算得上是一件非同小可之事。因为这套书是雍正三年（1725年）才由大学士蒋廷锡在康熙时期陈梦雷初步编成的基础上，受雍正谕令，重新增补编订、考校整理而成。全书按类编为历象、方舆、明伦、博物、理学、经济等6编，下含32典，共计6109部、10000卷，1.6亿字。该书因有雍正皇帝《御制序文》，于雍正六年（1728年）初次排印时被高度重视，印制大方精良，非常考究。然而，此书仅印制了64套，极其珍贵，是乾隆时期编订《四库全书》以前,清朝最重要的文化典籍,连见识广博的乾隆帝都盛赞此书"搜罗浩博,卷帙繁富,实艺林之巨观,为从来之所未有者"。因此之故,这套书朝野极其珍视推崇,雍正、乾隆二帝也仅以其藏之宫中及翰林院等处,并赏赐亲近重臣和天一阁等天下知名的藏书家。据鄂尔泰之子鄂容安所撰《襄勤伯鄂文端公年谱》记载,鄂尔泰于雍正六年(1728年)正月即获得了这套书,为第一批获御赐之人。鄂尔泰也非常珍视此书,每逢不解之事,总要先查阅一下这套书。五华书院地处边疆,成立不久即从鄂尔泰处获得了御赐的《古今图书集成》,实在是一件珍奇之事。五华书院作为云南此套珍贵书籍的唯一拥有者,不但使其教学条件大获改善,而且其社会影响力也得到了极大的提升,成为当时士子慕名以求的求知之所。

其后,经继任云贵总督尹继善的扶持和投入,奠定了五华书院云南书院之首的地位,在山长名望、士子考选、严格考课、膏火经费、办学条件和学术成就方面都著称于世,不但培养出了诸如钱南园、方学周、吴桐等著名学者,至嘉庆年间(1796—1820年)还培养出了名噪一时的"五华五才子"。光绪二十九年(1903年),五华书院被改为云南高等学堂,成为云南近代新式教育发展的重要基础。因此,鄂尔泰创建并扶持五华书院,对于推动云南文化教育的发展,可谓影响巨大、嘉惠久远。

促进云南文化典籍的积累与提升

云南居西南边疆,王朝和内地人士常常以"地居天末"来形容。有关云南文化典籍的编纂、积累,相对于内地来说要薄弱且困难得多。这种状况进一步制约着内地与边疆的文化交往,影响着人们对云南的认识。鄂尔泰在担任云南巡抚和云贵广西总督以后,对改变这种状况发挥了重要的作用。

首先,鄂尔泰是雍正《云南通志》的主要责任人,对纂修工作贡献较大。因为雍正《云南通志》没有序跋,其纂修的原因、经过、资料来源和纂修具体工作与责任,都没有明确的说明。因此,鄂尔泰与此书的纂修关系如何,学术界多未进行深入研究,也形成了不同的认识和表述。乾隆年间编修《四库全书》时,收录了此书,纪昀等为该书所作的"提要"中,开篇即称"《云南通志》三十卷,国朝大学士鄂尔泰等监修",文中又记"雍正七年(1729年)鄂尔泰总督云贵,奉诏纂辑,乃属姚州知州靖道谟因旧志增修"。因此之故,在诸种目录书中,多将此书的纂修情况表述为鄂尔泰纂修,靖道谟等纂。然而,乾隆元年(1736年)该书修成后向乾隆皇帝所进的《题为纂修云南省志成稿谨奉表》的表文之前,署名为当时的云贵总督尹继善,文后的署名,在尹继善后,增列当时的云南巡抚张允随之名,表文中没有记述通志修纂的过程、责任等信息。而在雍正《云南通志》的"修辑职名"中，首列"总裁"等次，完全按职级尊卑和任职时序，列有云贵广西总督鄂尔泰、云贵广西总督高其倬、云贵总督尹继善、云南巡抚张允随四人。

其实，如果深入考究一下，鄂尔泰在雍正《云南通志》的纂修中，地位和作用都是较为突出的，尹继善等的作用也是可以恰当肯定的。从全国的情况看，雍正时期云南修省志，并非仅为特例，畿辅（直隶）、江南、江西、陕西、福建、甘肃、湖广、浙江、山东、山西、四川、广东、广西、贵州等十四个省区，也都纂修了省志，多数省份也是于乾隆元年成书，进表上呈乾隆帝。尽管大多数省志没有说明修纂缘由和成书过程，但是《畿辅通志》《山东通志》《四川通志》等少数通志却有《序》，明确说明这批省志的纂修是雍正七年（1729年）雍正帝"命天下重修通志，上诸史馆，以备《一统志》之采择"，也即命令各省纂修省志，为朝廷纂修《大清一统志》打基础，提供资料。那么，雍正七年至十年任云贵广西总督的鄂尔泰应该是此次《云南通志》纂修的重要责任人。从《清实录·世宗宪皇帝实录》卷七十五的记载看，雍正六年十一月，担任《大清一统志》总裁的大学士蒋廷锡请求雍正皇帝，希望雍正帝谕令各省督抚，将本省名宦、乡贤、孝子、节妇等方面情况，详细查核，"于一年内保送到馆，以便细加核实"。雍正帝鉴于"志书"与"史传"相表里，所登载的名宦人物等必详细确查，慎重采录，认为"若以一年为期，恐时日太促，或不免草率从事"，下旨"著各省督抚将本省通志重加修辑""如一年未能竣事，或宽至二三年内纂成具奏。如所纂之书，果能精详公当而又速成，著将督抚等官俱交部议叙；倘时日既延，而所纂之书又草率滥略，亦即从重处分"。这段记载很明确地说明，这次各省纂修通志，目的确实是为修《大清一统志》提供资料和依据，各省通志修纂的责任人为总督和巡抚，修志时限为一年，最多不能超过二三年。因此，在雍正九年年末才离任云贵广西总督的鄂尔泰，理应成为这次《云南通志》纂修的第一责任人，此时期的云南巡抚张允随也应该发挥了重要责任。

鄂尔泰在雍正九年（1731年）十月离开云南，入京陛见，雍正帝令两江总督高其倬代署云贵广西总督，雍正十年（1732年）四月辛亥，滞留京城的鄂尔泰被任命署镶黄旗满洲都统，并协助雍正帝赞理西北两路军务，雍正皇帝原先欲让鄂尔泰回云南担任总督的想法已经无法实现，但仍然要求云贵广西地方紧要事宜，"有应知会大学士鄂尔泰者，仍行知会"，"并三省文武官员，应禀报者，照常禀报"。雍正十一年（1733年），又以尹继善担任云贵广西总督。次年，广西改隶广东，以尹继善为云贵总督。乾隆二年（1737年），尹继善入京觐见，继而留京侍养年迈父亲。从这一时期以上职务变化情况看，鄂尔泰至雍正九年年末进京后，对云贵广西总督事的料理逐渐减少，直到次年下半年基本退出。此时《云南通志》的修纂工作尚未完工，先后继任总督的高其倬和尹继善应该对通志的补充、编订成稿做出贡献。从雍正《云南通志》的内容看，其记事下限为雍正十三年（1735年），也收录了高其倬《委员赴昭办理开垦疏》、尹继善的《筹酌普思元新善后事宜疏》等雍正末年的奏疏，验证了两人对通志确实有所作为。然而，该书于乾隆元年（1736年）完成，进表上呈朝廷时，当时的云贵总督尹继善在表文中仅署自己和张允随之名，实有隐匿鄂尔泰等人的功劳，掠名邀功之嫌。

鄂尔泰等主持编纂的雍正《云南通志》一书，计30卷，卷首1卷，设立了图说、星野（附气候）、山川、建置、疆域（附形势）、城池（附关哨、邮传、津梁）、学校（附书院、义学、藏书）、风俗、户口、田赋、课程、经费（附赏恤）、水利、积贮、祠祀（附寺观）、兵防（附师旅考）、封建、秩官（附武秩、使命、公署）、名宦（附忠烈）、选举（附武科、辟荐）、人物、列女、流寓、土司（附种人）、仙释（附方技）、古迹（附冢墓）、物产、祥异、艺文、杂记等门类，较为系统、翔实地记述了云南从先秦至清朝雍正时期的自然、历史及社会各方面的情况。此前，经云贵总督蔡毓荣肇始于前，云贵总督范承勋等缵绪于后，于康熙二十九年（1690年）编成了清代云南第一部省志——康熙《云南通志》。该书以明代天启年间刘文征所纂《滇志》（实以包见捷《滇志草》为基础编成，惜此书已经亡佚不传）为基础，补入明末至清康熙二十九年以后有关云南史事。一般认为，鄂尔泰主持纂修的雍正

《云南通志》又以康熙《云南通志》的体例和内容为基础,补充康熙二十九年以后至雍正时期云南史事和资料编纂而成。这些情况,雍正《云南通志》大体也做出了类似的表述,其"凡例"的第一条即称"旧志(按:康熙《云南通志》)成于康熙三十年,体裁义例虽已详备,但历今四十余年,国家重熙累洽,制度日新,旧志中有宜增入者,亦有可兼括者,斟酌繁简共成三十卷,非敢求异前人,总欲期于允当也"。雍正《云南通志》的这条凡例,所强调的有两点:一是体裁义例沿袭康熙《云南通志》;二是记载内容增补康熙《云南通志》编成后四十年的云南社会和制度新发展的内容。对于这两点,第一点的情况大体是这样的,那是因为康熙《云南通志》的体例和门类已经很完备,反映了云南社会制度和社会发展的基本情况,雍正《云南通志》及清代以后的省志和府州县志,只能大体沿用这种体例结构。但是,我们还是应该注意到,雍正《云南通志》在大体沿袭康熙《云南通志》体例的基础上,还是认真思考了各"门类"及其下"类目"的关系,并根据当时的社会发展情况,对体例做出了适当的增删或调整。事实上,雍正《云南通志》"凡例"中的第二至第十三条便分别对这些调整做出了具体的说明。其中调整较大的,将原"大事考"取消,其内容事迹分别载入各门类专志中叙述;将"关哨邮传津梁"由过去的"山川"门类,移至"城池"类下;新增"水利"门类,将过去附于"城池"类的"闸坝堰塘"归于"水利";旧志以"课程"附于"盐法",

领属关系倒置，改为以"课程"为纲，下统"盐法"一目，理顺其统属关系；"积贮"和"经费"原归于赋役，现均独立成类；秩官记名由原来只至"监司"，下扩大至府州县官员，并将"武秩官"由"兵防"类调入，列于"文秩官"之后，将文武秩官合在一起记载；删除"使命""师命"类，对"人物""艺文"也进行了一些调整。这些变化，纪昀等作该书之"提要"，也做出了概述，"其间视旧志增并不一，如图之有说，及府州县题名，皆补旧志之所无；《大事考》《使命》《师命》诸目，旧志所有而冗复失当者则删去之；又《课程》原附《盐法》，《闸坝堰塘》原附《城池》，今皆别自为门，纲领粲然，视原本颇有较理焉"。由此可见，目前学术界多以雍正《云南通志》"凡例"第一条自称的"（康熙《云南通志》）体裁义例虽已详备"（而沿用之）的自我表述，来看待该志的体例，还是稍欠妥当的。

对于雍正《云南通志》"凡例"和学术界对该通志在记载内容方面增补康熙《云南通志》编成后四十年的云南史事的看法，认识是正确的，对其新增内容和价值的肯定，在程度上却是不够充分到位的，大多数评者只是轻描淡写的指出了这一点，没有做出进一步的分析和评论。

首先，我们应该注意到，雍正《云南通志》所新增记述康熙二十九年到雍正十三年的历史记述，正是云南在平定"三藩之乱"，清王朝在云南的统治恢复重建后，云南经济社会不断发展，并经历了雍正时期的变革和推进，进一步走向盛世的历史阶段。对这一重要历史阶段的文献记述回顾审视，雍正《云南通志》的记载是最为系统全面的，也颇具原始性、权威性。我们研究和认识这段历史，雍正《云南通志》是必须查阅、利用的重要文献。从文献源流的角度看，雍正《云南通志》的记载还成为当时清廷撰修《大清一统志》、后来云南纂修的道光《云南通志》等地方志援引的重要资料来源，考辨资料的源流正误，也离不开雍正《云南通志》。

从纂修情况看，雍正《云南通志》是雍正帝下谕旨要求鄂尔泰主持编纂的省志，目的是为清廷纂修《大清一统志》（纂成于乾隆八年）提供资料。按照雍正帝的要求，所提供资料不得冒滥充数，必须详查确核，尤其是省内的名宦、乡贤、孝子、节妇等，是王朝和地方道德风范的导向，更要"一应事实，详细查核，无缺无滥"。

为了保障省志修纂的可靠性，雍正帝甚至还主动宽限了修纂时间，由一年延长到三年。但对编纂"草率滥略"者，则要"从重处分"。在这样的要求下，鄂尔泰很重视《云南通志》的纂修，配备了强大的纂修阵容，除总督、巡抚担任纂修总裁外，还以云南布政使司布政使陈宏谋、葛森，云南提刑按察使冯光裕、徐嘉宾等担任监修。编纂工作的核心人物则为湖北黄冈人翰林院庶吉士姚州知州靖道谟，充任通志纂修。从光绪《姚州志》对靖道谟的记载看，只记录了他被调修省志，无其他任何事迹，说明靖道谟被鄂尔泰从知州任上调为雍正《云南通志》的纂修，全力以赴地从事纂修工作。此外，鄂尔泰还以和曲州知州徐修仁、云龙州知州徐本迁、平彝县知县今署剑川州知州高为阜、原署江川县知县蒋敦淳、署平彝县知县李本滽、署河阳县知县蒋雯、原任贵州普安州知州金灏、原任浙江遂安县知县何其伟、原任湖广黄安县知县张宗、临安府儒学教授夏冕、丽江府儒学教授万咸燕、署鹤庆府儒学教授赵淳、罗次县儒学训导李可栻、江南宣城县生员梅瑴成等省内外名士担任分修。在资料保障方面，鄂尔泰以云南驿盐粮储道（统云南府等滇中府州县）、迤西道、迤东道道员为提调，分别负责督促提供所属各府州县修志所需资料文档。这样的纂修背景和机制，决定了其所利用的资料具有较强的原始性、权威性，编纂的志书也有较高的质量。

　　从雍正《云南通志》的内容看，所立30个门类都按要求记载了康熙二十九年（1690年）至雍正十三年（1735年）的发展情况。其中，图说、星野（附气候）、山川三门，虽系记述各地的历史与山自然走势、星野、具体山川情况，以至于对自然情况的记述，但其表述的基础还是以雍正年间改土归流后，云南新形成的政区为基础展开，形成了自然与新的人文历史的结合；建置、疆域（附形势）、城池（附关哨、邮传、津梁）、学校（附书院、义学、藏书）、风俗、户口、田赋、课程、经费（附赏恤）、水利、积贮、祠祀（附寺观）、兵防（附师旅考）、封建、秩官（附武秩、使命、公署）、名宦（附忠烈）、选举（附武科、辟荐）、人物、列女、流寓、土司（附种人）、仙释（附方技）、古迹（附冢墓）、物产、艺文，则在旧志基础上增述康熙二十九年以后至雍正年间云南各方面的情况。在新增内容的记载方面，水利、兵防、土司与改土归流的三方面的记载最为典型。"水利"为云南省志中第一次单独列为一门，体现了鄂尔泰对水利的重视，也反映出水利在雍正时期获得了巨大发展。志中不但以府、州、县较系统全面地记载了各地江河湖泊的水患治理、沟渠坝闸的修建和水利利用，而且还在《艺文志》中收录了鄂尔泰的《修浚海口六河疏》《兴修水利疏》，反映了鄂尔泰等对云南水利状况、水利兴修、水利兼衔制度的实施等方面的重视和认识。"兵防"分上、下两部分，重点是叙述清代兵制。清代兵制又分"开滇兵制""复滇兵制"，分别记载云贵总督所统辖的督标、云南巡抚所统辖的抚标、云南提督所统辖的提标、各镇总兵所统辖的镇标，以及以上官员所兼辖的各协营绿营兵的营制及官兵数额情况，重点记载了雍正时期的官兵及营制。各基层协、营还分别记载了马战兵、步战兵和守兵的具体数额，并在守兵之下，依次列出了所"分防"地区。这里的"分防"区，实际上即后来定制化以后绿营兵分防的"汛区"或称"汛地"，是绿营兵汛塘制度下的主要层级，雍正《云南通志》"兵防"中"分防"的记录，实际上是康熙时期云南绿营兵汛塘制度逐步形成以后，分防"汛区"第一次在地方志中全面而系统的记载。另外，在《艺文志》中，还收录了鄂尔泰等奏呈的，在昭通、东川、普洱、元江等府，中甸、维西等厅布置营汛以加强新设流官地区控制的奏疏。其中详细地记述了设置汛塘的动机、措施及具体的设置情况，形成了我们认识和研究绿营兵与王朝控制地方关系的重要资料。土司制度和改土归流作为雍正时期云南最大的政治变革，自然成为雍正《云南通志》记载的重要内容，分别在"建置志""土司"以及鄂尔泰所奏的若干奏疏中做了较好的、多层面的记载，使该省志成为研究雍正时期改土归流活动最为重要原始的资料。

因此，鄂尔泰等主持纂修的雍正《云南通志》是一部编纂较好、较早较全面反映康熙二十九年（1690年）至雍正时期云南社会历史发展的最为重要的文献之一，我们应该对它重加审视，加强利用。再者，此书被收入乾隆时所编纂的《四库全书》，在乾隆元年以后多次被刊刻，在全国流传较广泛，给社会各界认识云南提供了方便，使云南的影响力得到了提升。

鄂尔泰在文献积累方面为云南所做出的另外一个重要贡献，是他撰写了数量颇多的有关云南的奏疏。鄂尔泰非常感激雍正皇帝的知遇和重用，不但竭心尽力地开展工作，还将个人情怀、边地情形、施政计划、政务收效等，及时奏报雍正帝，形成了为数众多的奏折。按照《四库全书》总裁官纪昀的总结，在雍正帝下诏编修的360卷的《世宗宪皇帝朱批谕旨》（简称《雍正朱批谕旨》）中，共收录有223位臣工的奏折。全书计60册，收录较多的，以一人而分数册，收录较少的则以数人合为一册。鄂尔泰奏折收于第二十五至二十八册，一人而分四册，其奏折数量之多，由此可见一斑。据统计，在此书中所收录的朱批鄂尔泰奏折达290份，包括谢恩、请安折、复旨折、陈事折等类。除《雍正朱批谕旨》外，收录了鄂尔泰奏折的尚有台湾故宫博物院编《宫中档雍正朝奏折》（台湾故宫博物院，1977—1980年出版），收录334件；中国第一历史档案馆编的《雍正朝汉文朱批奏折汇编》（江苏古籍出版社，1989—1991年出版），收录鄂尔泰的奏折很多，但因为此书系以年代顺序收录奏折，鄂尔泰奏折的收录数量尚无统计数据。另外，《鄂尔泰奏疏》，又称为《平蛮奏疏》《鄂少保奏疏》，系雍正九年编成并刊刻，现收录于《中国少数民族古籍集成》，汇编了鄂尔泰雍正八年九月十八日（1730年10月29日）至雍正九年正月十二日（1731年2月18日）征讨乌蒙（今昭通）彝族苗等族的奏折；《清代皇帝御批彝事珍档》，收录了鄂尔泰雍正七年十一月初七日（1729年12月26日）至雍正九年的9件奏折。在《清实录·世宗宪皇帝实录》中，也扼要摘编了一些鄂尔泰的奏折。

在鄂尔泰的奏折中，有关云南史事的奏折占了绝大部分。从《世宗宪皇帝朱批谕旨》所收录的情况看，鄂尔泰的奏折始于雍正元年十一月二十六日（1723年12月23日）其在江苏布政使时的《谨奏为交盘已竣特陈额外亏缺事》，此后又收其在江苏布政使上的奏折6件。至第8份奏折，即为鄂尔泰担任云南巡抚管云贵总督事时在雍正三年十二月十九日（1726年1月21日）所上《谨奏为恭谢圣恩报明臣体痊可事》，所奏即与云南相关。而所收鄂尔泰的最后一件奏折是他作为云贵广西总督在雍正九年九月初二日（1731年10月2日）所奏《谨奏为滚塘剿抚已竣，古州大局全定事》。可见，此书中所收鄂尔泰奏折，绝大部分是他在以云南为中心的云贵广西任总督期间的奏折，按张鑫昌先生等在《鄂尔泰奏折与云南改土归流》一文中的统计，收录于《世宗宪皇帝朱批谕旨》的鄂尔泰奏折，与云南有关的至少有126件。

《世宗宪皇帝朱批谕旨》系雍正十年允禄、鄂尔泰等受雍正帝敕令编纂而成。鄂尔泰作为编纂工作的主持人之一，对自身奏折的收录自然较为完整。书中所收鄂尔泰的奏折又较为完整地涵盖了鄂尔泰担任云南巡抚、云贵总督、云贵广西总督的任职历程。鄂尔泰有关云南的奏折，涉及云南的民族、边疆及社会状况，赋税钱粮，钱法与铸币，土地开垦的政策、措施和成效，城镇的兴建，土司制度与改土归流，绿营兵营制调整与汛防布设，水利兴修、水利政策与水利管理机制（尤其是其中的水利兼衔制度），府州县学、书院的建立和发展，铜矿的采冶、管理与矿课征收，盐业与盐法，作物的长势、收成与粮价，官吏的考核与任用，对各族反抗活动的镇压等等诸方面情况，也包括不少鄂尔泰对雍正帝的"恭谢圣恩""恭请圣安"。概而言之，这些奏折反映了鄂尔泰这位西南地区权力核心人物对社会情况的认识和思考，是其秉权施政、处理边疆事务的记录。更为重要的是，书中所收奏折均有雍正帝的朱批谕旨，表达了雍正帝对鄂尔泰、云南社会状况及施政情况的看法，也体现出雍正皇帝对鄂尔泰的信任、关心，甚至是偏爱。这些因素使收入该书中的鄂尔泰奏折，成为研究鄂尔泰本人、雍正时期西南边疆历史变革、中央与云南地方关系的最为原始、重要的资料。

当然，我们还应该注意到，雍正皇帝敕令编纂《世宗宪皇帝朱批谕旨》，是在外任之大臣官员奏折中经其亲手朱批过的一万多件中酌量选出十分之二三刊印出版，使天下臣民"展读"，人人观此而感动，使世人从他的朱批和臣工的奏折中，体会到他"图治之念，诲人之诚"，促使各级官员"各自砥砺，共为忠良"。鄂尔泰是雍正皇帝较信任、重用的封疆大吏，其奏折早就被雍正帝转给苏州巡抚陈时夏、广西巡抚韩良辅等阅读体会，成为臣工展读砥砺之范本。其后，乾隆年间编纂《四库全书》，亦把此书收录其中。光绪丁亥年（1887年），上海点石斋又将其刊刻流布，此书在社会上的影响日益扩大，云南的影响因此日益增强，增进了朝野人士、内地各阶层对云南边疆的认识。

"彩云之南"文化理念的定型与弘扬

"云南"作为地名出现时间较早，但被赋予"彩云之南"的文化含义却相对要迟一些。

作为一个地名,"云南"最先用于西汉汉武帝所设益州郡下的一个县——云南县。汉武帝(公元前140年至公元前87年在位)以前,现在的云南地区虽然与内地有一些联系,但从行政统属关系看,并没有纳入内地王朝的统治版图当中。汉武帝为了平定岭南地区的南越王国,扩大统一局面,也为了开通"蜀身(读如"捐")毒道"(今四川经云南、缅甸,通达印度,最终抵达被称为"大夏"的今阿富汗等中亚地区的道路),联络大月支等西域小国共击匈奴,开始积极经营云南。最终,汉武帝元封二年(前109年),汉王朝以兵威降服了与滇国有密切联系的劳浸、靡莫二部,极大地震慑了统治今滇池地区的滇王尝羌,迫使其归附汉王朝。汉武帝遂以滇池地区为中心,设置了益州郡,下辖24个县,其中即包括云南县。这时的云南县,管辖范围约相当于今大理白族自治州的祥云县至弥渡县一带。

三国蜀汉时期,"云南"这一地名被扩大,用来称谓一个郡。在诸葛亮的谋划下,刘备"南抚夷越",抚治当时被称为"南中"的云南地区,看成蜀汉实现与曹魏和东吴鼎足而立,进而北伐曹魏,统一中国的重要战略环节。建兴元年(223年),蜀汉在南中的统治因南中地方势力"大姓"的反叛而崩溃。建兴三年(225年),诸葛亮不得不亲率蜀军,花了一年的时间平定南中的叛乱。平定反叛后,诸葛亮调整南中郡县设置,改益州郡为建宁郡,并把建宁郡、永昌郡(原管辖今保山市、德宏傣族景颇族自治州、临沧市、大理市一带）中的一部分地区划出来，建立了以今天大理白族自治州为大体管辖范围的云南郡，下辖9个县，其中仍设有云南县。此时，云南既用作郡名，为云南郡，同时也用作县名，即云南县。

唐代，"云南"的含义有了较大的发展。唐玄宗开元二十五年（737年），唐王朝支持蒙舍诏（南诏）的诏主皮逻阁统一洱海地区，以稳定唐朝对这一地区的统治，并以洱海地区为门户，抵御吐蕃对西南边疆的内侵。皮逻阁攻下洱海地区的河蛮后，被唐玄宗派中官封为"云南王"，并被赐名"归义"。至此，云南由一个行政区划名称发展为一种政治封号。紧接着，蒙舍诏统一其他五诏，建立南诏，南诏的辖区也被称为云南。后来，让唐王朝始料不及的是，南诏势力壮大后又进一步向唐朝控制下的滇池地区、滇东地区扩张势力，与唐对云南的统治形成尖锐的矛盾。天宝八至十三年（749—754年），唐朝三次发兵进讨南诏。南诏联合吐蕃，大败唐军，将唐朝的统治势力赶出了云南，建立了南诏国，其统治范围不但包括整个云南，还达到了大渡河以南的四川地区、贵州西部地区、今缅甸北部地区。相应地，被封为"云南王"的皮逻阁所统治的范围，也被称作云南。最为典型的是，唐朝人樊绰所撰写的综合记述南诏自然与社会情况的书籍《蛮书》，不但其书名被称为《云南志》或《云南记》，而且书中的篇章也有诸如"云南界内途程""云南城镇""云南管内物产"等以云南命名的情况。唐德宗贞元十年（794年），唐朝提出了制约与削弱吐蕃的战略决策，其中的"南通云南"为仅次于"北和回纥"的重要战略环节，有"断吐蕃右臂"的功效。这里的"云南"等同于南诏，包括了其治下的所有地区。唐朝与南诏和好后，以设在四川成都的西南最高军政长官——剑南西川节度使兼任"云南安抚使"之职，所统之南诏在唐朝政治体系中被称为"云南安抚司"。因此，南诏统治时期（约750—902年），云南之名已包括南诏国统治的所有地理空间。宋代沿袭了唐代的传统，以"云南"指称大理国辖区。宋徽宗政和七年（1117年），还将大理国王段和誉封为"云南节度使"，宋人辛怡显所编著的反映当时云南社会情况的著作亦冠名为《云南录》。

元明清时期，我国大一统的政治格局获得了进一步的发展。此时，"云南"较稳定地成了中央王朝之下的省级行政区划名称。1253年，蒙古人为了消灭南宋，由忽必烈率大军平定云南，建立云南都元帅府统辖在云南各地建立的万户、千户、百户府，又封宗室成员为云南王，镇守云南。元世祖至元八年（1271年）元朝建立后，于至元十年委任赛典赤·瞻思丁为云南平章政事，建立云南行中书省（简称"云南行省"）。明洪武十五年（1382年），明太祖朱元璋委任傅友德为征南大将军，沐英、蓝玉为左右副将军，率大军消灭了以梁王为首的蒙元在滇残余势力，平定云南，建立了云南布政司、云南都指挥使司、云南按察司等省级行政、军事和监察机构。清朝则于顺治十六年（1659年）平定云南后，建立了云南巡抚、云南提督，以及云南布政司、按察司等省级军政机构，隶属于云贵总督。明清时期，"云南"除作为省级军政名称与行政区划名称外，还是云南会城所在地的府名——云南府，辖区相当于今昆明市。同时，汉朝以来即建立的县级行政区划云南县仍得以沿袭，只不过区域缩小为今祥云县一带。因此，明清时期，"云南"既用作省名——云南省，也用作府名——为云南府，还用作县名——云南县。民国建立后，废除了府这一行政建制，云南府被取消。1918年，为了消除省与县同名之弊，改云南县改为祥云县。此后，"云南"作为地名，仅指云南省。

那么，"云南"一词中，什么时候具有"彩云之南"的文化含义，此含义的形成又与鄂尔泰又有什么关系呢？汉武帝设云南县后，在现存最早反映西汉地理与政区状况的史书《汉书·地理志》中，益州郡下虽然记有"云南"县之名，但并未说明命名原因。直到南朝刘宋时期范晔所修的《后汉书》才在卷三十三《郡国志》永昌郡云南县下做了一点注解："云南，《南中志》曰：县西北百数十里有山，众山之中特高大，状如扶风、太乙，郁然高峻，与云气相连接，因视之不见。其山固阴沍寒，虽五月盛暑不热。"这段话说云南县西北有一座较周围众山特高大的山，与云气相连，终年都很寒冷。这是历史上第一次对"云南"作出解释的文字，称引自《南中志》，即东晋时期蜀人常璩所撰《华阳国志》卷四之《南中志》。推算起来,在"云南"作为地名存在了350多年后,才有史籍对其含义有所解释。但是,此时的解释取意并不明确,其释义既同时涉及了"云"和"高山",导致了后世出现了"云南"之得名,有人认为源于其地处于"云岭"之南,有人认为系来自"彩云之南"的不同说法。

就"彩云之南"的看法而言,最早明确对其概念加以解释的书籍,是明朝代宗景泰年间(1450—1457年)成书的《景泰云南图经志书》。该书第五卷大理府赵州(约相当于今弥渡县及大理市凤仪一带)之下记述说:"谓常有庆云现于州(指赵州)之南,故名云南。"此书以元代大理路下所设之赵州来解释云南的命名问题,未追溯云南于汉代即设县的历史渊源,所作出的解释显然有缺陷。相比较而言,明神宗万历年间(1573—1620年)曾在云南作右参政的谢肇淛,在其所撰《滇略》中对云南命名原因的解释显得较为完整。该书卷一载:"汉元狩(前122—前117年)间,彩云见于南中,遣使迹之,云南之名始此也。"该书卷七又记载说:"汉武帝元狩元年(前122年),命王然于、柏始昌、吕越人间出西南夷,至滇指求身毒国。是岁,有彩云见于白崖,遣使迹之,乃置云南县。"都认为,之所以命名为云南县,系"彩云见于白崖"一带,此地设县后,便称"云南"。记载中将设云南县的时间误为元狩元年,实际上应该是武帝元封二年(前109年)。

在明代的基础上,将云南地名中"彩云之南"的观念提升、定型,并形成全国性影响的,就是鄂尔泰。鄂尔泰于雍正三年（1725年）来到云南，以云南巡抚之职行使云贵总督之权，次年实授云贵总督，雍正六年又加广西总督，是为云贵广西三省总督，在疆臣中权力最为显赫。鄂尔泰离滇回京后，又被委以保和殿大学士、总理事务大臣、军机处大臣、国史馆总裁、太保太傅等职，权倾一时，并深为雍正、乾隆二帝信赖。鄂尔泰所具有的可谓极致的政治、文化地位，是扩大云南"彩云之南"文化影响力的重要基础。

在鄂尔泰主持纂修的雍正《云南通志》中对云南名称的由来做了解释。该书卷二十六记载说："云南旧城，在（云南县城）城南六十里。汉武帝元狩元年，彩云见于白崖，置县其南，故曰云南。"该书卷二十八《祥异》中，开篇即载"彩云南见（现），郡锡（此为'赐'之意）嘉名"，指出了云南这一嘉名，系"彩云南现"所赐。该篇下文又记载说："汉武帝元狩元年，五色云见于白崖，遣使迹之，置云南县。"雍正《云南通志》不但经过刊刻发行，而且还被收入了乾隆年间编印的《四库全书》，流传和影响都较广，云南之说因此而被扩大了。

更为重要的是，鄂尔泰还将"彩云南现"与对雍正皇帝的歌功颂德联系起来，于雍正六年十二月初八（1729年1月7日）向雍正帝上《奏为恭逢圣诞庆睹祥云事》之奏折，称雍正六年十月二十九日（1728年11月30日）雍正帝五十寿诞这一天，他率领在云南省城的文武官员，在五华山朝贺寿诞完毕，坐班于山麓，发现天空中"五色卿云光灿捧日，经辰、巳、午三时（即上午7时至中午13时）"，第二天也即十一月初一，祥瑞云彩又再次出现，"绚烂倍常"。其后，鄂尔泰还接到地方官报告，知道楚雄府、姚安府、永昌府、顺宁府等地也见祥云，"合计云南同日现瑞者，共四府三县"。鄂尔泰又引经据典，盛赞雍正帝说"臣（鄂尔泰）谨按：黄帝有景云之应，虞舜有卿云之歌。《瑞应图》曰：庆云者，太平之应。《孝经援神契》曰：天子孝，则庆云见。《春秋感精符》曰：南至有云迎日，年丰之象"，认为瑞云本是"太平宁谧时和年丰之兆"。至于如雍正帝圣诞时庆云在昆明等地出现了三个时辰，而且接连二日出现这种情况，"稽诸简册，从未有如今日者也"，是亘古未见之事。综合而言，鄂尔泰的这一奏折，关键之处有如下几点：卿云，又称为庆云、景云，并非一般人所理解的早晨或傍晚天空中出现的美丽的云彩，而是指一种嘉瑞之云像：云彩必须有五种色彩，绚丽光灿，且呈现出捧托太阳的形状；庆云出现，是帝王至孝、世道太平宁谧的征兆；皇朝的最南边出现庆云，则预示着丰收之年将到来；庆云之瑞刚好出现于皇帝圣寿之辰，实在是从古迄今未见之现象；雍正帝五十圣诞时出现的庆云，美丽异常，持续时间长达三个时辰，世间罕见，是雍正帝"大孝格天，与穹苍而协撰""皇上慎筹边计，勤念民依"，天下太平的验兆。在奏折中，鄂尔泰也追根溯源，考究了云南名称之由来："《云南通志》汉武元狩元年，有五色云见于白崖，遣使迹之，至大理属之云南县，云南由是得名。"

对于鄂尔泰这一奏折，雍正帝很为之感动，朱批了390字的谕旨，不但接受了庆云为雍正帝自己"大孝""慎筹边事""勤念民"的验兆这种说法，"朕每遇此祥瑞，蒙上天慈恩，岂有不感喜之理"；雍正帝还借此发挥，认为"此嘉祥"也是鄂尔泰"忠诚所感而献于朕寿日者，正表卿爱戴之心也"，"上天以卿如此不世出之良臣赐朕，此朕之真祥瑞也"，雍正帝又反过来认为，卿云的出现，是他获得了像鄂尔泰这样世间难求的良臣的表现。雍正帝甚至还希望，云南这次"嘉瑞"的出现，能够使鄂尔泰病体康复。因为冬初之时，雍正帝听说鄂尔泰身患"胁痛"，并有"气弱"之感。因此，雍正帝认为，庆云是"天祖慈佑"的表现，鄂尔泰必然会因此而"心怡神畅，诸微疾得痊愈矣"。鄂尔泰借云南出现庆云，对雍正帝表达的祝福和赞颂，换来的是雍正帝对他的信任和无微不至的关怀。

鄂尔泰奏报卿云普遍出现于云南，还为云南各级文武官员带来了意外的惊喜。据《清实录·世宗实录》卷七十七记载：雍正七年正月己巳（1729年2月21日），也就是雍正帝接到鄂尔泰《奏为恭逢圣诞庆睹祥云事》的奏折后的第20天，雍正皇帝在谕内阁时，肯定了云南之所以出现卿云的祥瑞，是因为鄂尔泰节制滇黔，公忠体国，化导所属官吏，奉公尽职，鄂尔泰及提督郝玉麟表率训导全省文武属员，而滇黔两省官员均都能够遵奉上司之教诲，殚心奉职。特下令"应加特恩,以示优奖"。结果,鄂尔泰由一等阿达哈哈番超授(越级授予)为三等阿思哈尼哈番,郝玉麟由拖沙喇哈番授为拜他喇布勒哈番,滇黔两省的巡抚、提督、总兵官获加二级,文官自知县以上、武官自千总以上,都加一级。云南、贵州的官员,差不多整体上受恩获奖,这在历史上都是极为罕见的。

鄂尔泰就云南出现嘉瑞庆云一事所上奏折,后来还有所发酵。雍正七年(1729年)七月,朝廷中诸王大臣等根据鄂尔泰的奏折,上疏雍正皇帝称:"滇省日丽中天,庆云告瑞,仰见太平有象,天眷庥(读音同'休',庇荫、保佑之意)隆,臣等不胜欢忭(读音同'卞',喜悦之意)!"[①]从中不难看出他们对幸逢雍正帝大孝格天、励精图治,以致天呈太平之嘉瑞的欢喜之情。但是另一方面,也有一些"心怀不肖之人",讥讽鄂尔泰上庆云疏是为了迎合、诹谋于雍正皇帝。为此,据《清实录·世宗实录》卷八十五记载,雍正皇帝于半年后的雍正七年八月癸亥(1729年10月13日)专门下谕旨给内阁,明确自己的态度。他首先申明,"朕从不因嘉征而受庆贺",对一些不实心办事、口是心非之人借祥瑞异兆奉承献媚之举深恶痛绝,痛斥严禁。但雍正帝重点是要申明,如鄂尔泰这样"公忠体国,实心爱民"之督抚大臣,天赐嘉祥于他们管辖的区域,则为"天人相感之理"。鄂尔

---

① 《清朝通志》卷一百二十四《灾祥略》纪祥(天类)条。

泰频年驻节治理云南，故祥云三次出现于云南。雍正七年，鄂尔泰又前往贵州办理公事，庆云又出现于贵州，这很显然是上天对鄂尔泰的忠心和实力办事给予昭示。而鄂尔泰将所奏报的滇黔嘉瑞之兆，是"万目共睹"之事实，鄂尔泰据实奏报，体现的是人臣之忠心，是他希望国家蒙福的美好愿望的自然流露，"皆出于情理之不能自已"。因此，那些讥讽鄂尔泰之人，都是"藏幸灾乐祸之邪心"的小人。我们姑且不论这一事件的是非曲直，当时世人对鄂尔泰奏报云南、贵州等处出现庆云所引起的争议，以及雍正帝对鄂尔泰的充分肯定，从主客观上都使云南"彩云之南"的文化形象，在全国范围内得到了前所未有的宣示，其认可度也得到了极大地提高。

　　鄂尔泰奏报云南卿云嘉瑞，不但在当时的朝野引起了较大的反响，而且还因鄂尔泰极高的政治、文化影响力在后世得到了广泛的流传，产生了深远的影响。这份奏疏和史实被收录到了文献典籍中，流传后世，产生了较为深远的影响。早在雍正七年正月甲寅（1729年2月6日），即雍正帝接到鄂尔泰云南普遍出现卿云后的第5天，诸王大臣等就因为"滇省卿云呈现"，向雍正帝上表奏贺，并且请求将鄂尔泰的奏折"宣付史馆"，以作为编纂实录、国史等类史籍的依据，雍正帝答应了这一请求，并且表示，自己并非借鄂尔泰的奏报来"夸示于众"，而是希望内外大小臣工，都效法鄂尔泰，希望远近各省官民等闻风慕义，兴孝劝忠，都能以自己的忠心和实心办事之业绩，为上苍所感,共受上天之福佑,此乃"朕心之所谓上祥大瑞也"。就这样,鄂尔泰的这份奏折,被雍正帝赋予了化导和激励各级官员统治意图,很快就被收藏于国史馆。

其后,在鄂尔泰担任云贵广西总督,奉旨主持修纂雍正《云南通志》时,鄂尔泰所奏《奏为恭逢圣诞庆睹祥云事》当然作为重要的督抚奏疏,被收入到了卷二十九之四的《艺文志》中。再后来,当鄂尔泰离开云南,回北京任职后,雍正十年,雍正帝命令鄂尔泰与允禄主持编纂《世宗宪皇帝朱批谕旨》(即《雍正朱批谕旨》),鄂尔泰的这份奏折与雍正帝对此奏折的朱批一道,被收录于卷一百二十五之九。

雍正十三年八月二十三日(1735年10月8日),雍正皇帝去世。十月庚辰(11月28日),清廷开世宗皇帝实录馆,根据总理事务王大臣等议奏,乾隆皇帝下旨任命大学士鄂尔泰为监修总裁官,任命大学士尹泰、张廷玉等为总裁官。鄂尔泰成为《清实录·世宗实录》的第一责任人。在这样的背景下,鄂尔泰有关云南出现卿云的奏折和相关史实自然被收录进雍正皇帝的实录中。其记述情况如下:在《清实录·世宗实录》卷七十七雍正七年春正月辛亥(1729年2月3日)条中,摘要记录了鄂尔泰《奏为恭逢圣诞庆睹祥云事》的内容,以及雍正帝上谕对此事的看法;在卷七十七雍正七年春正月甲寅(2月6日)条中,记录了诸王大臣等以滇省卿云呈现,上表奏贺,并请求将鄂尔泰的奏折宣付史馆,以及雍正皇帝允准并进一步阐发其看法;

卷七十七雍正七年正月己巳（2月21日）条，记载了雍正皇帝谕内阁时对鄂尔泰奏报云南出现卿云一事的看法，以及下令奖励云南官员之事；卷八十五之雍正七年八月癸亥（10月13日）条，则记载了雍正皇帝就朝野内外，有人讥讽鄂尔泰奏报云南出现卿云一事系奉承皇帝的言行，专门下谕旨给内阁，表明自己对天人感应、祥瑞之兆的看法，重点肯定了云南、贵州普遍出现长时段卿云嘉瑞，系鄂尔泰为首的官员公忠体国、实心爱民的结果，也将那些讥讽之人斥为"藏幸灾乐祸之邪心"的小人。

乾隆二十年（1755年），鄂尔泰去世后十年，因为开辟苗疆后事态有所反复，鄂尔泰的学生胡中藻获罪，乾隆皇帝产生了鄂尔泰在朝中用人有门户之见的看法，一定程度影响了鄂尔泰身后的政治声誉，被撤出北京贤良祠。但是，"彩云南现"这一概念并未受影响。在乾隆三十二年（1767年）乾隆帝下令修纂的《皇朝通志》（现在一般称作《清朝通志》）的卷一百二十四《灾祥略》之"纪祥"中，仍然保留了雍正七年（1729年）正月鄂尔泰奏报云南于六年（1728年）十月二十九日万寿节庆辰时省城等地现五色庆云嘉瑞、雍正帝的相关谕旨，以及诸大臣请求将此事材料交付国史馆后雍正帝允准并谕令内外臣工大小官员都要"以鄂尔泰为法"，兴孝劝忠，人人共受上天之福佑。虽然，多数文句系抄录《清实录·世宗实录》，但也表明乾隆二十年鄂尔泰政治地位稍受贬抑之后，乾隆帝对鄂尔泰及其所奏卿云事的肯定。这种肯定，对以鄂尔泰奏折为中心的"祥云南现"文献的保存和流传提供了保障。

以上记载雍正六年、雍正七年间有关鄂尔泰奏报云南普遍出现卿云的文献典籍，在清朝属于级别最高、影响力最大的类型，且获得了雍正皇帝的朱批或上谕，其权威性和原始性较为突出。这些文献的记载，不但扩大了鄂尔泰有关云南普现卿云的传播范围和影响力，而且往往被后世所修纂的史志援引，如《清史稿》在《世宗本纪》《鄂尔泰传》中都加以引用和记述，云南后来的省志和府州县对其更是多有征引和记述，最终为云南奠定了"彩云南现"或"彩云之南"这一文化名片的文献和史实基础。

最终，鄂尔泰奏报雍正六年（1728年）十月二十九日雍正帝五十寿诞云南多地出现长时间"五色庆云，光灿捧日"这一祥瑞之兆，在当时朝野所产生的巨大影响，以及其后众多权威文献的收录和记载，使"彩云之南"或"彩云南现"成为云南释义的主流观点。只不过，我们现在以现代科学精准的光谱知识，将以"五彩"捧日的卿云（或庆云、祥云），改变为"七彩云南"，多少失去了一点传统文化的底蕴。

公忠体国，著绩边疆：
二维视角下对鄂尔泰的评价

在皇权视野下，鄂尔泰对西南边疆和云南地方社会的历史评价，着墨不多，往往以安民察吏、绥靖边疆等较为笼统的词汇来概括。事实上，在西南边疆的作为和贡献，是鄂尔泰作为一位重要历史人物的价值得到体现的主要方面，也是他回京后政治地位登峰造极的坚实基础。

公忠体国：皇权视角下鄂尔泰的褒扬与疏抑

关于鄂尔泰的评价，我们应该先了解一下当时朝廷对他的看法。

雍正皇帝在其尚为雍亲王、潜处邸中之时，因鄂尔泰以侍卫身份拒皇子（雍亲王）之命，不但没有怀恨加罪，反而庆幸自己能以一种较为特殊的方式喜获忠臣。登基称帝后，雍正帝遂对鄂尔泰大加重用，信任赏识与日俱增。

雍正十三年（1735年）八月，雍正帝病危，以庄亲王允禄、果亲王允礼、大学士张廷玉、大学士鄂尔泰为顾命大臣，保障弘历顺利登基称帝。在雍正帝留给乾隆帝的"遗诏"中，重要内容之一是向乾隆帝推荐登基治国的四位辅政大臣。其中，对鄂尔泰的推介与评价是："志秉忠贞，才优经济，安民察吏，绥靖边疆，洵为不世出之名臣。"并且，雍正帝对鄂尔泰与张廷玉格外信任恩宠，认为"此二人者，朕可保其始终不渝。将来二臣，著配享太庙，以昭恩礼"①。

事实上，这份遗诏，是雍正、乾隆二帝的一致看法。根据《清实录·世宗实录》卷一百五十九，雍正十三年八月庚寅（1735年10月9日）条的记载，雍正帝去世的第

---

① 《清实录·世宗实录》卷一百五十九，雍正十三年八月己丑（1735年10月8日）条。

二天，乾隆帝谕总理事务庄亲王等人的时候就提到，雍正八年（1730年）六月雍正帝便对弘历传达谕旨，交代了遗诏中有关鄂尔泰的内容。雍正帝去世后，乾隆打算将雍正帝对张廷玉和鄂尔泰的谕旨写入"遗诏"内颁发。鄂尔泰、张廷玉多次推辞，并请求稽古典礼，遵照礼制行事。最终，乾隆再三降谕，并坚持必须入于遗诏，又找到了明代洪武二年（1369年）李善长等从祀旧典之先例。鄂尔泰、张廷玉才同意"配享太庙，应钦遵缮入遗诏"。终其雍正一朝，除两位亲王外，仅有鄂尔泰和张廷玉两位被写入遗诏，命令两人辅佐刚登基的乾隆帝执掌朝政，并可在百年后配享太庙。因此，从雍正遗诏形成的过程看，其中对鄂尔泰和张廷玉的评价和重用，体现的是新老两朝皇帝共同的意志。而在这份遗诏中，雍正帝对两位亲王还指出了一些弱点，而对鄂尔泰和张廷玉则只有信任和肯定，其评价可谓至高无上。

乾隆帝执政后，遵照雍正遗诏格外重用鄂尔泰，也给予他很高的评价。乾隆五年四月甲戌（1740年4月29日），乾隆皇帝在评价雍正朝三名最为朝廷器重的总督时说："当日鄂尔泰、田文镜、李卫，皆督抚中为皇考所最称许者。其实，田文镜不及李卫，李卫又不及鄂尔泰。"① 将鄂尔泰看作为雍正时期封疆大吏之首。乾隆十年（1745年）四月乙卯，鄂尔泰病逝后，乾隆帝阅览了他遗留下的奏疏，

---

① 《清实录·高宗实录》卷一百一十四，乾隆五年四月甲戌条。

颇有感慨，专门下谕旨对鄂尔泰做了这样的盖棺定论："大学士鄂尔泰，公忠体国，直谅持躬，久任边疆，懋著惠绩，简与机务，思日赞襄，才裕经纶，学有根柢，不愧国家之柱石，允为文武之仪型。"① 雍正、乾隆二帝对鄂尔泰的评价，主要以雍正八年（1730年）前鄂尔泰担任云贵广西总督时期的政绩而做出。评价中最被看重的是鄂尔泰对皇帝的忠诚，即所谓"公忠体国""志秉忠贞""忠君爱国之悃忱"；其次是长期在西南边疆任职，了解边情，实心办事，业绩较为突出，即"久任边疆，懋著惠绩"；当然，在其间所体现出的魄力与文武才干，也较为突出，为雍乾二帝赏识，即所谓"才裕经纶，学有根基柢"，尤其是以侍卫出身的满族大员，能够在经史诗文诸方面修养甚高，确属不易。这几个方面，支撑起了鄂尔泰作为"不世出之臣""国家之柱石""文武之仪型"的综合形象。

因为被雍正、乾隆二帝赏识、器重，鄂尔泰所获皇恩，也可谓浩荡。乾隆九年（1744年）冬天，鄂尔泰"忽婴痰疾"，乾隆帝听说后深为"廑念"，选派御医为其调治。乾隆十年（1745年）春，鄂尔泰病情加重，乾隆帝又亲自前往看望，甚至为鄂尔泰加太子太傅衔，希望能够帮助扭转病情。

乾隆十年四月，鄂尔泰不治辞世，乾隆皇帝"深为震悼，亲临祭奠"，并下特旨，停止上朝二日，以示追念。

---

① 《清实录·高宗实录》卷二百三十七，乾隆十年四月乙卯条。

赏给银五千两，用以办理丧事。治丧期间，果亲王、大阿哥、三阿哥等前往奠祭，各部院大臣、八旗都统、御前侍卫、乾清门侍卫、三旗头等侍卫以上、侍卫班长、正黄旗侍卫等，除值班外都要求前往吊唁。发引之日，也须前往送行。并且，按照雍正帝遗诏，令将鄂尔泰配享太庙，并入祀贤良祠，加祭二次，其他应得恤典，一并按照相关预惯例执行。颁赐谥号文端。后来，又先后批准鄂尔泰入祀贵州、云南、广西三省之贤良祠。

有意思的是，虽然雍正、乾隆二帝非常赞赏鄂尔泰的忠诚，但皇权至上的乾隆皇帝及其臣属还是在鄂尔泰身上发现了一些瑕疵，给予了相应的惩处。乾隆七年（1742年）十二月，鄂尔泰的学生、担任都察院副都御使的仲永檀与鄂尔泰的儿子、担任户部詹事的鄂容安，因上奏折之前互相串通，互通声息，不但违反密折上奏的规矩，且有结党构陷他人之嫌。经刑部查实，两人被免职外，鄂尔泰也因为"不能择门生之贤否，而奏荐不实；不能训伊子以谨饬，而葛藤未断"，被交刑部议处。最终，乾隆帝下旨"薄罚"，给予轻度处罚，鄂尔泰已获得的所有加级纪录，都被撤销，抵降二级，从宽留任。

鄂尔泰受到的最后的处罚发生在他去世后的第十个年头，即乾隆二十年（1755年）。这年四月，他的门生——时任内阁学士的胡中藻——因为所著《坚磨生诗钞》，被乾隆帝等认为内含"悖逆讥讪之语甚多"而被逮捕处斩，为当时轰动一时的"文字狱"。乾隆皇帝追责，认为胡中藻作为鄂尔泰的门生,平常的诗文中出现了很多险怪文辞为人所共知,鄂尔泰却对其大加赞赏,以致胡中藻肆无忌惮、语辞悖慢,冒犯清廷及祖宗;再加上鄂尔泰的侄子鄂昌,也与胡中藻"叙门谊,论杯酒",不分是非,唱和诽谤。更为乾隆皇帝忌惮的是,胡中藻诗中"谗舌青蝇"之句,据其供认,系攻击张廷玉及其门生张照,表明他附师门,甘为鹰犬。由此推断出,鄂尔泰作为满洲大臣,与作为汉族大臣的张廷玉之间,存在着门户之见、朋党之争。这些情况,将言行不端的仲永檀,与乾隆七年鄂尔泰"屡奏其端正直率"之事联系起来,形成了鄂尔泰有"党庇之处"的看法。最终,鄂昌被处斩,已经故去的鄂尔泰也被从贤良祠中撤了出来。

　　关于鄂尔泰的"门户之习",在《清史稿·鄂尔泰传》中将其定性为"植党"。其实,这一看法有失公允。早在乾隆五年四月甲戌(1740年4月29日),乾隆皇帝就针对有人私下揣摩,"如满洲(官员)则思依附鄂尔泰,汉人则思依附张廷玉",很明确地表示"朕临御以来,用人之权从不旁落。试问数年中因二臣之荐而用者为何人,因二臣之劾而退者为何人?"否定了满人以鄂尔泰为首,汉人以张廷玉为首,形成朋党,左右朝廷用人这一不实之说。后来,乾隆皇帝因乾隆七年(1742年)仲永檀与鄂容安密折上奏前有串通之过、乾隆二十年(1755年)胡中藻书中有冒犯皇帝和朝廷的"悖逆"之辞,并攻击张廷玉等汉族官员的现象,而最终改变了看法,认为朝政中"彼时事之大者,莫过鄂尔泰、张廷玉门户之习",肯定了鄂尔泰、张廷玉形成门派,存在党争的看法。

事实上,鄂尔泰与张廷玉之间,并无朝政上的大争执与对立,也没有形成明显的朋党群体。鄂尔泰有朋党之嫌的证据,只有上述两个案例。其次,鄂容安作为鄂尔泰的长子,在乾隆帝在乾隆五年(1740年)六月打算补授他为詹事府詹事时,鄂尔泰还提出了反对意见,认为鄂容安实不称詹事大员之任,"再三奏辞,情甚恳切",反倒是乾隆皇帝坚持认为鄂容安等"可以为国家宣力""能遵守家声,祗受国恩",谕令鄂尔泰不得以自己的意志"固辞"。因此,鄂容安的任命,并非鄂尔泰植党的结果,其间所表现出的反而是鄂尔泰无私固辞的情怀。而胡中藻与鄂昌文字狱案,则发生在鄂尔泰去世后十年,二人的"悖逆",与鄂尔泰的关系自然不能直接联系在一起。再者,从鄂尔泰自身情况看,也并没有想方设法争夺权势,反而还依制度和具体情况,主动要求辞去一些职务。如在雍正十三年(1735年),坚持按制度不在雍正帝的遗诏中写明自己百年后可以配享太庙的内容。在乾隆二年(1737年)十一月以内阁大学士不应该兼部院实职之制度规定,奏请辞去总理兵部事务之职(未获批准)。直到去世前的乾隆十年(1745年),鄂尔泰又以自己病势日益加剧,"疏请解任调理"。乾隆皇帝下旨"在任调理,不必求请解任"。在这些事实面前,鄂尔泰重门户、植党争权之论,显然是难以成立的。

从乾隆皇帝的角度看,予鄂尔泰一些惩处,甚至将其撤出贤良祠,甚至一时加之以"党庇"之名,是要警告内外官员:不要妄自揣测、攀附重臣,形成朋党,威胁皇权。另外,鄂尔泰和张廷玉,作为满汉官员之首,乾隆皇帝也注意抓住时机,对其严加训诫,有时候话说得很重。仲永檀、鄂容安案发后,乾隆皇帝就告诫鄂尔泰说:"嗣后当洗心涤虑,痛改前愆,以副朕恩。倘仍前不检,朕从前能用汝,今日能宽汝,将来独不能重治汝之罪乎?"①在皇位稳固后,乾隆帝对鄂尔泰这种百官之首的防范、戒备就更重了。而在鄂尔泰作为重臣对皇权的威胁期过去以后,清廷对其评价又变得公允了许多。如乾隆五十七年(1792年),乾隆帝回顾称:"雍正年间及朕乾隆十年以前,鄂尔泰、张廷玉等素知谨慎,尚不免稍存门户之见。"在当时的大臣中,很少能有像此两人这样谨慎。②到了嘉庆元年(1796年),登基不久的嘉庆皇帝又下敕谕说,清朝立法,"诸臣中有勤于王事,功绩最著者,列入祀典",雍正年间的大学士鄂尔泰、张廷玉都是据这一原则而被配飨太庙的。自此以后,"公忠体国""超众宣劳",成了清王朝对鄂尔泰的评价。

---

① 《清实录·高宗实录》卷一百八十一,乾隆七年十二月癸卯条。
② 《清实录·高宗实录》卷一千四百零三,乾隆五十七年闰四月丙申条。

著绩边疆：边疆视角下鄂尔泰的功与过

在皇权视野下，鄂尔泰对西南边疆和云南地方社会的历史评价，着墨不多，往往以安民察吏、绥靖边疆等较为笼统的词汇来概括。事实上，鄂尔泰在西南边疆的作为和贡献，是他作为一位重要的历史人物的价值得到体现的主要方面，也是他回京后政治地位登峰造极的坚实基础。

对于西南边疆来说，在全国迈向古代"盛世"的重要历史时期，鄂尔泰的到来与施治也具有极其重要的意义。鄂尔泰不但因其与雍正皇帝不同寻常的亲密关系，由云南巡抚管云贵总督事，在雍正六年（1728年）被授予云贵广西三省总督，成为西南边疆权力最显赫的疆臣，也是当时清王朝权位最高、影响最大的封建大吏，这是西南边疆社会取得较大的发展变化的政治前提。幸运的是，这样一位疆臣，不仅效忠于皇权，而且还安民察吏、实心办事、才干卓著，就像雍正皇帝夸赞的，是一位"不世出之臣"。他能够在不长的时间内潜心认识并踏勘考察云南等西南边疆的山川自然、民情风俗，触及社会发展的关键性问题，很快由一名久蛰宫中的侍卫，转化为成熟干练的疆臣，从政治、军事、经济、文化、民族诸方面，对云南等西南边疆开展大刀阔斧的治理。

在鄂尔泰对西南边疆的治理中，最具有影响力的是改土归流。鄂尔泰在西南改土归流中的作用，首先在于他认识到了改土归流对于相关地区各民族社会发展与边疆治理推进的关键作用，力主改土归流，使在改土归流问题上尚犹豫不决的雍正皇帝最终下定了决心选择了改土归流。其次，在改土归流的过程中，鄂尔泰基于对各土司统治区较为细致的了解，合理地制定了改土归流的原则、方针、方法和步骤，较顺利地在云南的乌蒙府（后改称昭通府，约今昭通市）、镇雄州、东川府（今会泽县、巧家县及昆明东川区一带）、宣威州、镇沅府、恩乐县（今属镇沅县）、普洱府（今普洱市及澜沧江以内的西双版纳部分地区）、阿迷州（今开远市）、邓川州、永平县等地实施了改土归流。在改土归流的同时，鄂尔泰还对重新划归云南统治的维西、中甸地区委派了同知、通判等流官，对其实施统治。在新设流官统治的地区，鄂尔泰根据形势派驻了绿营兵，分汛设塘，对流官统治发挥了保障作用。再者，在实施政治、军事统治的过程中，鄂尔泰也在新设流官统治的地区提出了一些发展经济和文化的施政方略，推行了一些促进经济、文化发展的措施。伴随着这些地区流官统治的建立，清王朝能够直接有效控制的边疆地区较明朝有了较大的扩展，奠定了乾隆时期王朝统治进一步向边疆和山区推进的基础。改土归流作为原土司辖区政治制度的重大变革，也促进了当地生产力的发展、生产关系的变化，加强了各族与外界的联系，不但促进了相关地区经济社会的总体发展，而且也为随后以东川府为中心的云南铜矿业的空前发展、以普洱府为中心的云南茶业经济的勃兴创造了良好的社会环境。

在不同程度地促进云南等西南边疆地区经济发展的前提下，鄂尔泰在垦荒和水利两个方面对云南经济发展的推动最为明显。在康熙初年实施垦荒政策的基础上，进一步开放地权，并与田赋缓征或减免政策以及一些地区特殊的扶持政策相配套，形成了系统良好的土地垦辟机制，促进了荒芜田地垦辟的大发展，使云南在荒芜田地的垦辟数量和耕地总数方面都较康熙年间有了较大的突破。

在发展水利方面，鄂尔泰对云南水利的重视程度、对云南水利情况的了解和认识程度，在历代任职云南的官员中实属罕见。基于这样的基础，鄂尔泰领导和督促云南各级官员在发展云南水利的力度和机制方面、发展水利的经费保障方面，实现了历史性的突破，并在其离任云南前完成了云南水利兼衔制度的实施和落实，使云南在这一制度的推行方面步入全国先进行列。这一制度，有效地促进了云南水利的兴修，由传统的滇池、洱海等中心区，向全省流官治下的各府州县的发展，使雍正时期云南水利在工程的项目总数、水利兴修所涉及的空间范围、水利工程的类型与成效等方面，均超过了以往各历史时期，甚至成为此后清代各时期难以逾越的发展高度，对云南农业的发展、交通运输等起到了较大的保障和促进作用。

相对而言，学术界和社会似乎不曾料想到侍卫出身且以铁血形象著称西南的鄂尔泰，会对云南儒学教育和文化发展产生如此重大的推动作用。除了在大多数改土归流地区建立府州县儒学教育外,鄂尔泰还在昆明建立"新五华书院",并大力扶持其发展,甚至还把雍正皇帝御赐的极为珍贵的《古今图书集成》转赠该书院,奠定了该书院在此后的清代云南教育发展中的核心地位。鄂尔泰还通过主持雍正《云南通志》纂修,撰写和奏报数量惊人的奏折,推动了云南文献的编纂和积累,并将其推介到清代政治、文化最高阶的社会层级,甚至为雍正朱批阅判,形成了前所未有的重要而广泛的影响。

让我们至今仍然津津乐道、受益无穷的,是鄂尔泰为云南制作的"五彩云南""彩云之南"的文化名片。鄂尔泰巧妙地将云南出现卿云与雍正皇帝的五十寿诞结合起来,使以卿云嘉瑞为核心的云南文化内核,在雍正时期的政治中心、朝野内外广泛传扬,并载诸国家重要文献典籍,最终使"彩云南现",战胜了"云岭之南",成为云南地名概念的文化内核,光照后世。

当然,再多再显赫的功勋和业绩,都不能抹去鄂尔泰对改土归流地区蒙受灾难和生命财产损失的各族人民所犯下的罪恶。从清廷的角度对鄂尔泰所作的评价,主要关注的是他能否忠诚无二,为朝廷办事,至于鄂尔泰在西南边疆施治过程中的不当之处,雍正皇帝仅就鄂尔泰在雍正七年开辟以古州为中心的八百里苗疆时,在条件不成熟时力促进军平定,并设八寨、丹江、清江、古州、都江五厅,派流官统治,进行了责问。因为这一地区在雍正十三年(1735年)发生了以台拱等地为中心的苗民反抗,很快危及贵州的黄平、施秉等地，雍正皇帝才责怪鄂尔泰当初不该强以行事，且"布置未协"，削去其伯爵称号。而对于鄂尔泰在云南改土归流中犯下的严重错误，雍正帝和朝廷则未提及，未做任何追究。

在认识鄂尔泰在云南改土归流过程中的错误和罪责前，我们应该再重申一下他在推动雍正帝下决心改土归流这一关键之处所起到的他人无法达到的作用，肯定他在改土归流的原则、方法和进程诸方面所做的合理安排，以及在平定各族反对改土归流斗争后对维持地方稳定所做的努力。在这些成就和功绩的光环下，鄂尔泰的错误发生在改土归流后的善后阶段。他被改土归流的顺利实施冲昏了头脑，没有在土司废除后慎重考虑流官的设置，委派谨厚干练之人充任流官，也未认真分析改流后各民族的社会发展情况，督促流官合理施治，杜绝对各族的盘剥勒索。情况恰恰相反，鄂尔泰在新设流官的地区，往往所用非人，官员多为非作歹，改土归流地区社会矛盾被激化，尤其是昭通镇总兵刘起元、大关厅通判刘镇宝、镇沅府知府刘洪度等，肆意压榨盘剥改流后所属各民族，直接引发了云南各地反改土归流的斗争。

如果说改土归流后鄂尔泰用人不当，不重视社会矛盾的化解而引起反抗斗争，尚可因受康熙末年以来吏治混乱、土司地区民族与社会情况的认识较为困难等多种因素的影响而一时难以到位，其错误尚可以原谅的话，各族反改土归流斗争爆发后，鄂尔泰一味主张武力镇压，其丧心病狂、视各族生命如草芥蛾蚁的做法，则属罪不可恕。他指令官兵，所到之处尽量剪尽反抗夷苗，在镇压活动中杀戮面之大、受害人数之多、手段之残忍，在云南可谓空前绝后。仅在乌蒙、东川一带，"逆首逆党及附从凶倮"前后临阵杀伤并滚崖投江自杀自尽的，多达一万余人；"擒获搜获讯明枭示及剁去右手者"，达到了数千人；被分赏给参与行动的有功官兵的"所获倮贼男妇"，也达到了数千人。① 鄂尔泰还下令对外逃者穷搜屠杀，刳肠截膑，分悬崖树间，在彝苗等族中引起了极度的惊恐。残酷杀戮所引起的人员减少和人口外逃，给改土归流地区，尤其是乌蒙府（后改为昭通府，今昭通市一带）、东川府（今会泽县、巧家县、昆明东川区一带）的社会带来了严重的危害，甚至使滇东北彝民人数骤然下降，昔日的彝族聚居区民族构成与分布格局发生了较大改变，形成了以汉族、回族为主，居城镇平坝地区；彝族、苗族减少，多居远山的状况。鄂尔泰的严重错误，使各族人民在社会发展的道路上付出了沉重的代价。

---

① 鄂尔泰：《奏为逆首全获各路荡平事》，雍正九年正月二十八日奏，《世宗宪皇帝朱批谕旨》卷一百二十五之十七，文渊阁四库全书。

参考文献

鄂尔泰撰：《鄂尔泰奏折》，见允禄、鄂尔泰《世宗宪皇帝朱批谕旨》四库全书本，暨光绪丁亥年（1887年），上海点石斋本。

中国第一历史档案馆：《雍正朝汉文朱批奏折汇编》，江苏古籍出版社，1989—1991年。

《清实录》，中华书局1985年版。

赵尔巽等纂：《清史稿》，中华书局1977年版。

清国史馆编纂：《清史列传》，中华书局1928年版。

鄂尔泰监修：雍正《云南通志》，文渊阁四库全书本。

鄂容安撰：《襄勤伯鄂文端公年谱》，中华书局1980年版。

方国瑜：《云南史料目录概说》，中华书局1984年版。

方国瑜：《中国西南历史地理考释》，中华书局1988年版。

龚荫：《中国土司制度》，云南民族出版社1997年版。

秦树才：《清代云南绿营兵研究：以汛塘为中心》，云南教育出版社2004年版。

吴连才：《清代云南水利研究》，云南人民出版社2017年版。

刘本军：《震动与回响：鄂尔泰在西南》，云南大学博士学位论文，1999年。

王缨：《鄂尔泰与西南地区的改土归流》，《清史研究》1995年第2期。

张珊：《鄂尔泰研究综述》，载达力扎布《中国边疆民族研究》（第六辑），中央民族大学出版社2012年版。

张鑫昌等：《鄂尔泰奏折与云南改土归流》《鄂尔泰奏折与云南改土归流》（续），《档案学通讯》2008年第1—2期。

吴连才、秦树才：《清代水利兼衔制度研究》，《云南民族大学学报》（哲社版）2015年第3期。

郭玉富：《清雍正年间滇中及滇南地区的水利治理》，《云南民族大学学报》（哲社版）2009年第5期。

常建华：《清雍正朝改土归流起因新说》，《中国史研究》2015年第1期。

张明富：《鄂尔泰与云贵边省经济开发》，《东北师大学报》（哲社版）1994年第3期。

赵秉忠：《论枢臣鄂尔泰》，《辽宁师范大学学报》（社科版）1997年第3期。

熊剑平：《从得势到失宠：清朝重臣鄂尔泰的悲喜人生》，《文史天地》2015年第3期。

张捷夫：《关于雍正西南改土归流的几个问题》，《清史论丛》第5辑，中华书局1984年版。

李世愉：《试论雍正朝改土归流的原因和目的》，《北京大学学报》（哲社版）1984年第3期。